Michaela Schaumann

Das Leben schreibt Gedichte
vom Leben und Lieben

Lyrik

BoD Verlag

Impressum

© Copyright 2011, Michaela Schaumann,
Herstellung und Verlag: Books on Demand GmbH,
Norderstedt

Die Schreibweise entspricht den Regeln der neuen
deutschen Rechtschreibung.

ISBN 9783842345577

Ich widme dieses Buch meiner Mutter, die mir
diese Veröffentlichung erst
möglich gemacht hat,

in dem sie mir einen Gutschein für diese
Buchveröffentlichung geschenkt hat,

und meiner großen Liebe, die mir stets
als Inspiration zur Seite stand und mir immer
eine große Stütze ist.

Danke an meine Mutter (Mama) Ilona,
an Sebastian und an Lela, die sich sehr für
meine Gedichte begeistern konnten!

Inhalt

Liebe?

Was verstehst du schon von Liebe,
warst du vor Glück nicht schon blind?
Was weißt du schon von Kummer,
wenn deine Tränen nicht ehrlich sind?
Wenn deine Liebe,
wie du sie nennst,
nur von kurzer Freud ist,
so frag ich mich,
warum du dich überhaupt verliebst.
War es nicht deine Stimme,
die ihm Liebe versprach,
was war dann in deinem Sinne,
als sein Herz deinetwegen auseinanderbrach?
Warum kämpfst du denn,
wenn du weißt, dass deine Gefühle versagen,
warum überlässt du es nicht den anderen,
anstatt sich mit beißenden Zweifeln zu plagen?
Nein, die Liebe ist nicht jedermanns Freud
c'est la vie, es tut mir leid!
Und es schmerzt,
dir dies zu sagen,
doch höre!
versuch nicht, dich daran zu wagen.
Du kannst fluchen
und mir die Schuld vermachen,
doch du, mein Kind,
bist für die Liebe nicht geschaffen!

Papa, erzähl mal...

Mama sprach schon oft von dir
vieles hat sie mir erzählt
bis mir jenes Buch in die Hände fiel
das mir zeigte, wie viel in Wahrheit fehlt

Ehe ich die Welt erblickte
was hast du erlebt, gefühlt, gedacht
was in deinem Leben alles so seine Rolle spielte
hat mich nachdenklich gemacht

Hat mir gezeigt, wie wenig ich weiß
über dich und dein Leben
so soll mir jenes wertvolle Buch
die ersehnten Antworten auf dein Leben geben.

Für die vergessenen und vernachlässigten Väter dieser Welt.

ZWEISAM

Die Stadt wird still,
die Lichter erlischen;
Es entfacht in uns ein Gefühl,
in dem sich Liebe und Leidenschaft vermischen;

Meine heißen Küsse
brennen auf deiner Haut,
dein Körper erzittert
und Lust wird in mir laut.

Heute Nacht gehörst du mir,
unsere Körper werden sich verzehren,
mein Herz verlangt nach dir,
du kannst dich nicht länger gegen mich wehren.

Unsere Seufzer vermischen sich
unsere Körper verschmelzen
dein Verlangen nach mehr erregt mich
lässt mich darin wälzen.

Ich werde dich verführen heute Nacht,
dich ergreifen mit Haut und Haaren,
gib jedoch gut Acht!,
denn du wirst unbekannte Tiefen erfahren...

Was ist ein Freund?

Ein Freund ist jemand,
der es leichthin sagt,
ein wahrer Freund jemand,
der dich wissen lässt, das er dich mag.

Ein Freund ist jemand,
der kommt und geht,
ein wahrer Freund jemand,
der dir immer zur Seite steht.

Mein Freund ist jemand
der sich in Schweigen hüllt,
mein wahrer Freund jemand,
der mein Herz mit Freude füllt.

Mein Freund ist jemand,
der auch seinen Nutzen sucht
mein wahrer Freund jemand,
der mich erheitert und auch an Sonntagen besucht.

Freunde sind nicht gleich Freunde,
sie sind stets zu unterscheiden -
in guten wie in schlechten Zeiten.
Unter dem einen wirst du immer wieder leiden,
die anderen werden dir ein Leben lang Freude bereiten.

Erinnere mich an Liebe

Erinnere mich an Liebe...
ich schaffe es nicht...
ich habe keine Kraft...
mir fehlt der Mut...
hilf mir aufzustehen...
sieh in meine leeren Augen...
Siehst du die Trauer?
Warum misstraue ich?
Warum scheitere ich?
Jedes Mal...
Erinnere mich an Liebe...
ich schaffe es nicht...
Allein.

Was passiert?

Wie oft noch werde ich verletzt,
wie lange muss ich leiden?
Wie oft noch werde ich versetzt,
wie lange muss ich weinen?;

Bleibt mein Glück bestehen,
bleibe ich hier,
wo die Sonne glücklich scheint?
Oder werde ich dort hingehen,
weit weg von dir,
wo der Himmel Tränen weint?;

Nur in deinen Armen bin ich glücklich,
dein Geruch ist mir so vertraut...
Unsere Liebe macht mich zuweilen stark, auch verletzlich
bis hin zu der Angst, dass dieses Glück mir wird geraubt

Ich vertraue dir und schenke deinen Worten Glauben,
so wie deinem Versprechen, das du mir gibst.
Ich öffne dir mein Herz, du allein darfst es rauben
im Tausch dafür bin ich die Einzige, die du liebst.

Perfektion

Er ist sanft - wie der Wind
Er schwebt leicht durchs Leben -
wie eine Feder in der Schwerelose
Er ist verspielt -
wie ein Kind
Dennoch seriös und stark -
liebt aufrichtig mit dem Herzen einer roten Rose

Sein Blick spricht voll Verständnis -
nichts lässt ihn aus der Ruhe bringen
Er ist klug, gebildet, sogar gewissenhaft -
er denkt stets, bevor er spricht und handelt
Er plant, handelt aber auch spontan -
was er auch beginnt, es würde ihm gelingen
Er bleibt sich treu, entdeckt gleichzeitig an sich immer Neues -
lässt aber nicht zu, dass ihn irgendwer verwandelt.

Er ist immer da, wenn man ihn braucht -
fällt aber niemals jemandem zur Last
Er verfolgt klare und besondere Ziele -
er lebt jetzt, nicht um von morgen zu träumen
Er ist voller Energie, er gibt niemals auf -
vergisst dabei jedoch nie die nötige Rast
Er ist voller Facetten, sein Lebenshunger nie gestillt -
er öffnet Tag für Tag tausend Türen zu tausend Räumen.

Er ist nicht zu fassen -
für jedes Mädchen geradezu unerreichbar
Viel hätte er zu bieten und noch mehr Liebe zu geben -
dennoch wird niemals ein Wesen existieren, das ihn liebt
Er ist nicht von dieser Welt -
mit Menschen nicht vergleichbar
Kein Mädchen wird ihn jemals „haben" -
weil es ihn nicht gibt!

Durch die Dunkelheit

Drei Hände fanden den Weg
durch die Dunkelheit.

Die erste Hand reichte ihr
Zuversicht!

Die zweite Hand reichte ihr
Verständnis!

Die dritte Hand reichte ihr
bedingungslose Liebe.

Doch sie griff daneben
und verfehlte seinen Namen.

Die dritte Hand -
gehörte dem Jungen,
der sie lieben würde, wie sie ist.

Die zweite Hand -
gehörte der Person, die nachempfinden konnte,
weshalb sie sich Liebe von diesem Jungen wünschte.

Und die erste Hand -
war ihre eigene Hand,
die lernen muss diese Zuversicht zu erlangen,
diesem Jungen eines Tages zu begegnen.

Ein Licht erscheint ihr bald darauf...
heraus tritt ein junger Mann!
Erfüllt mit Liebe.
Bestickt mit Verständnis.
Auf der Suche nach Zuversicht.

Für Mama

Vielleicht hättest du dich über Blumen gefreut
vielleicht hättest du gern Pralinen bekommen
doch ich habe keine Kosten und Mühen gescheut
in 17 Jahren deine Liebe und dein Herz zu gewinnen

Und 17 Jahre später bekommst du einen Teil zurück
weil nur eine die wichtige Rolle in meinem Leben spielt
durch Dick und Dünn wachsen wir Stück für Stück
und zeigen es der ganzen Welt!

Ich liebe dich, (meine) Mama!

Ich brauche dich

Ich brauche dich
nicht um zu finden
mein eigenes Glück

Ich brauche dich
nicht um zu erblinden
Stück um Stück

Ich brauche dich
um zu spüren
wie man ewige Liebe lebt

Ich brauche dich
um Gefühle in mir zu rühren
bis mein wahres Ich sich regt

Nobody's Darling

Ich könnte tausend Verse verfassen
darüber, dass ich mich niemandes beste Freundin nenn
Ich würde mich selber hassen
wenn ich nie mehr wahre Liebe bei einem Mann erkenn

Ich kann mich mir selbst nicht vorstellen
weil auch kein anderer mehr sagen kann, wer ich denn nun bin
Doch wer soll dann dieses, ach so kranke, Herz erhellen
wenn ich meinen Platz in dieser Welt nicht ehrlich gewinn

Nein, diese Schubladen sind mir zu eng
ich passe da nicht rein
auch diese Kostüme darin sind zuweilen viel zu streng
so lange bin ich's schon, also bleibe ich auch allein

Ich bleibe verfolgt von diesen Träumen
die ich nicht zu deuten vermag, die mir dennoch deutlich sagen,
was ich wieder fühlen will
Einsamer als ein Eremit, lauter, erbarmungsloser als ein Weinen
Throne ich über meine Welt, in der das Leben tobt -
in der man jedoch nichts hört, denn alles drum herum bleibt still

Begegnung

Das Meer bleibt zurück
das Salz auf unserer Haut - vom Wind fortgetragen
doch unsere Erinnerungen nehme ich mit
und deine Küsse, die mehr als 1000 Worte sagen

Zu dieser späten Stunde verlassen wir unser Heim
wo der Mond am Himmel schien, glitzernd seine Schatten aufs
Wasser warf
doch muss ich keine bitteren Tränen wein'
weil ich, wie den Sand, dein Herz mit fortnehmen darf

Deine Nähe spüre ich, während ich von dir schreibe
meine Sehnsucht soll dich nicht von mir trennen
ich bin entsetzt, weil ich mir doch Tränen aus den Augen reibe
ich würde alles geben, um noch einmal in deine Arme zu rennen

Deine Liebe sei mein Geleit
denn ich brauche deinen Schutz, der mich umhüllt
Meine Liebe sei dein Kälteschutz
damit sich dein Herz mit meiner Wärme füllt

Irrgarten

Ich greife nach deiner Hand -
doch ich erfasse sie nicht;
Ich rufe deinen Namen -
doch meine Stimme erreicht dich nicht;
Ich laufe gegen eine Wand -
die dein Schutzwall ist;
Ich sprenge den Rahmen -
in dem du gefangen bist;

Du sagst das Eine
um mich zu verwirren;
Und dann wieder das Andere
um mich in die richtige Richtung zu führen

Doch was ist richtig und was nicht?
Aus dir werd ich nicht schlau...
Was ist diese Hoffnung, die in mir brennt wie Licht
eine Lüge, auf die ich bloß ein Traumschloss bau?

Ich will dich nicht durchschauen,
ich will dich nur kennen;
Ich will weiter auf die Hoffnung bauen,
ich will meine Liebe beim Namen nennen.

Schenk mir nur einen Funken -
einen Funken deiner Selbst;
Ich bin schon zu sehr in dir versunken
es liegt ganz an dir - welchen Weg du wählst

Ich will dir nichts rauben
ich will nicht zu tief in deine Seele hinein
Ich will mir nichts erlauben
ich will nur Teil deiner reinen Liebe sein.

Für M.

Unbekannt

Nur ein Blick
nur ein Wort
Es gibt kein Zurück
du trägst mich fort.
Dein Name –
wie Musik
Dein Lächeln –
nicht einer, der genug davon kriegt
Du bist gebildet und klug
wenn du es willst
Du bist schön und stark –
so wie du dich fühlst
Noch viel mehr von dir
könnte ich dir hier zeigen
Doch dann wären diese Zeilen hundert Seiten lang
denn nur mit Vielseitigkeit kann man dich beschreiben.

Erlösung

Ich kann nichts mehr sehen
Tränen versperren mir die Sicht
Wohin soll ich jetzt noch gehen?
Etwas verweigert mir den Weg ins Licht

Alles um mich herum schwarz-weiß
die Einsamkeit zieht mich herunter
das letzte Lächeln gefriert zu Eis
die Sonne geht blutend am Himmel unter

Alles schmerzt
Alles sticht
Niemand, der mich umarmt

Nichts bleibt übrig
Nichts, außer Nacht
Die sich meiner traurigen Seele erbarmt

Ein Hauch von Liebe

Ich kann kaum schlafen und was essen
denke ständig nur an dich
Schaust du mir in die Augen, ist die ganze Welt vergessen
hört auf sich zu drehen, hat keinen Einfluss mehr auf mich

Etwas lang Verlorenes taucht mit dir nun wieder auf
es erobert jeden Winkel in meinem Herz
Meine einst gestutzten Flügel breiten sich wieder aus
und ohne es zu wissen, nimmst du mir jeden Schmerz

Beinahe sprachlos bin ich
in deiner Gegenwart;
selbst, wenn es nicht den Anschein macht

Ich weiß zwar nicht
wie es dir dabei geht;
doch über mich hast du einen Hauch von Liebe gebracht

Für eine neue Zukunft.

Was meinst du?

Manchmal spüre ich, wie der Zweifel an mir nagt
weil du nicht mit offenen Karten spielst
Und ich fühle, wie mein Herz versagt
weil du mir nicht sagst, was genau du fühlst

Komm mir ein bisschen mehr entgegen
und sag mir, was du dir dabei denkst
Lass mich nicht einfach stehen im Regen
sieh nicht dabei zu, wie du mich in eine falsche Richtung lenkst

Hör auf mit mir zu spielen!
Hör auf dich zu amüsieren!
Sag mir, willst du oder willst du nicht?
Sag es frei heraus und schau mir dabei ins Gesicht!

Ein Teil von mir

Sechs Jahre kennen wir uns jetzt
wir hatten es nicht immer miteinander leicht
Haben uns schon gegeneinander aufgehetzt
es gab eine Zeit, da hatte unsere Freundschaft den Tiefpunkt
erreicht

Über Berg und Tal führte unser Weg
der uns zum Ziel unserer Reise brachte
Schon mancher Orkan ist über uns hinweggefegt
wobei es dann zwischen uns stet ordentlich krachte

Doch ganz gleich, wie oft wir uns stritten
wie oft wir uns zankten
Heute will ich nur um Eines bitten
dass unsere Freundschaft nie mehr kommt ins Wanken

Du bist mein Fels in der Brandung
der Mittelpunkt meiner Welt
Die Hauptperson in dieser Handlung
der leuchtende Stern am Himmelszelt

Und weil's so schön war, noch ne Strophe
um zu sagen, wir sind wie ein junges Ehepaar
schlittern von der einen in die nächste Katastrophe
ich bin schon gespannt auf unser verflixtes 7. Jahr

Und zum Schluss, weil das Wichtigste noch fehlt
schreibe ich aus tiefstem Herzen
Selbst wenn man dich mir stiehlt
bleibst du immer ein Teil von mir!

Für meine beste Freundin, Lisa Z.
Ich finde nie wieder einen Menschen,
mit dem ich so vertraut bin wie mit dir.
Es ist echt Wahnsinn, dass wir schon so lange befreundet sind!
Und ich wünsche mir, dass das so bleibt.

Liebe verloren

Mal wieder sitz ich hilflos da
hab einen dummen Fehler gemacht
ich wünschte es wäre nicht wahr
wäre einfach nur aus einem Albtraum erwacht

Ich will nicht sehen, wen ich im Spiegel seh'
das kann ich doch nicht sein
Wie kommt es, dass ich noch aufrecht steh'
mit diesem Herz aus Stein?

Wer ist diese fremde Frau im Spiegelbild
ich erkenn mich selbst nicht mehr
deren Aug' sich immerzu mit Tränen füllt
alles in mir bleibt starr und leer

Ich schaue zu, wie mein Herz erfriert
und mich nicht dagegen wehre
Ich fühle, wie mein Herz alle Liebe verliert
und anstelle ihrer tritt absolute Leere

Ewigkeit

Ich müsste meine Seele niederschreiben,
um dir sagen zu können, was ich empfinde.
Man müsste mich in die Hölle treiben,
ehe ich zuließe, dass ich von hier verschwinde

Ich wünschte nichts und niemand könne uns trennen
bevor du nicht auch meinen Körper mit Liebe füllst.
Ich schäme mich für die Tränen, die von meinem Antlitz rinnen,
sie offenbaren jene Frage, ob du denn bleiben willst, ob du es
kannst?

Halt mich ganz fest in deinen Armen
reich mir Geborgenheit, ich verspreche, sie wird mich tragen;
Lass mich nie wieder los, vergiss doch die Zeit!

Denk nicht daran, wie lang unsere Liebe halten mag,
sieh mich nur an, vergiss jeden Zweifel, der dich plagt;
Das, was uns verbindet, bleibt vielleicht einmal für die Ewigkeit...

Der   falsche   Pfad

Jeden Tag bin ich auf der Suche
nach jener Macht, die in jedem von uns ruht
Und auch wenn ich sie jeden tag verfluche
schöpfe ich aus jeder bitteren Erfahrung neuen Mut

Rastlos - irre ich umher
ein verlorenes Licht in der Dunkelheit
Ich laufe - kreuz und quer
und mein treuer Begleiter nennt sich Einsamkeit

Den Weg der wahren Liebe versucht mein Herz zu gehen
doch meinen Körper spür ich sich in die andere Richtung drehen;
Und alles scheint verloren

Nun komm doch endlich, fass mich bei der Hand
und führ mich weg aus diesem toten Land;
auf dass neue Liebe wird geboren

Neustart

Schon wieder steh ich vor dem Rand
des Abgrunds der Gefühle
Mit dem Herz auf meiner Hand
begab ich mich in gefährliche Gefilde

Alles um mich dreht sich im Kreis
ich taumle durch die Welt
nichts mehr da, was ich noch weiß
nichts, was mich am Boden hält

Es ist ein Wechselspiel
zwischen kalt und heiß, fallen und fliegen
Mir bedeutet es unendlich viel
wenn ich falle, lass mich nicht am Boden liegen

Hilf mir, wieder aufzustehen
hilf mir, wieder Vertrauen zu fassen
hilf mir, auch mal Risiken einzugehen
doch nur, wenn du nicht vorhast mich im Dunkeln zurückzulassen!

Gescheitert

Ich schrieb dir, dass ich vor dem Abgrund steh
mit dem Herzen in der Hand
Doch alles, was ich jetzt noch vor mir seh'
ist ein verlassenes Land

Denn ein letztes Mal hab ich's versucht
einer Mannes Seele zu vertrauen
Zuzulassen, dass er mein Herz heimsucht
und dabei blind auf seine Zuneigung zu bauen

Doch ich bin gescheitert
hab die Zeichen missgedeutet;
Nun - ich bin endgültig bedient

Hab ich mich am Ende denn zu sehr ereifert
war es nur sein Ziel, dass er mein Herz erbeutet-
was mir zurückbleibt, ist die Frage: „Hab ich es verdient?"

Unbeschreiblich

Wie gern würde ich dir sagen,
wie wichtig du mir bist.
Doch nicht ein Wort vermag es zu beschreiben,
ganz gleich wie schön es in Dichteraugen ist.

Doch versuchen will ich es mit jedem Wort,
das ich für dich schreibe,
damit du meine Liebe trägst an jeden Ort
und ich dir immer in Gedanken bleibe.

Meine Liebe zu dir ist so weiß und rein,
wie die Seele eines guten Herz,
ist mehr als nur ein schöner Schein,
mehr als nur ein süßer Schmerz

Du bist alles, wonach ich suchte,
Liebe, Verständnis, Geborgenheit und mehr.
Gefunden hast du mich, als ich die Männer schon verfluchte,
dafür, dass du mich gerettet hast, liebe ich dich sehr.

Die Liebe bleibt

Heute ist wieder einer dieser Tage
an denen meine Seele dich schmerzlich vermisst
Mich immer noch mit denselben Gedanken plage
während anstelle meiner Lippen, mein Herz dich innig küsst

Ich weiß, das bringt dich nicht zurück
und mich kein Stück weiter
Doch unter diesem grauen Himmel ist es mein einziges Glück
und die Erinnerung an dich mein ständiger Begleiter

Mein Lachen hab ich zumindest nicht verloren
und auch die Lebensfreude nicht
doch in dunklen einsamen Nächten, in denen ich am Kummer
beinahe wär gestorben
huscht auch heute noch manchmal ein Schatten über mein Gesicht

Die Zeit bringt nicht Vergessen
und das sollte sie auch nicht
Denn deine Liebe war das Beste, was ich je besessen
und scheint auch heute noch in mir wie ein helles Licht.

Rastlos

Ich kann nicht weinen, nicht lachen
ich kann weder das eine, noch das andere
Ich kann nicht schlafen, nur noch wachen
könntest du nur sehen, wie ich durch die Nächte wandre

Du bringst meine Welt jedes Mal ins Wanken
und auch meine Vernunft lässt mich im Stich
Unsere Trennung, unsere Liebe, unser Schicksal umkreisen all
meine Gedanken
seitdem Tag, an dem du mir von der Seite wichst

Du bist alles, was ich hatte
alles, was ich jemals brauchte;
Und was jetzt noch von Bedeutung ist

Alles um mich herum wird zur Nebensache
sobald ich dich bitte, für immer zu bleiben;
Wenn ich nur wüsste, ob du mich auch so sehr vermisst

Für C. M.
Nächstes Mal vielleicht für immer!

Für immer (bis ans Ende der Welt)

Ich hatte so viele Träume
die mit dir zu fliegen begonnen
Wir schmiedeten unendlich viele Pläne
und sie hatten durch deine Liebe Gestalt angenommen

Doch nun liegt seit über einem Jahr alles in Scherben vor mir
alle Träume begannen seit damals zu sterben
Alles was ich jemals wollte ruht in dir
aber du lässt mich allein mit der Frage: „Was soll aus mir werden?"

Ich wünschte, ich wüsste einen Weg dich zurückzubringen
mehr als nur deinen Geist zu fassen
Ich weiß, dann würde es mir gelingen
dich für immer zu halten und nie mehr loszulassen

Bis ans andere Ende der Welt würde ich gehen
um dich noch einmal zu lieben, dich zu küssen, dich zu sehen!

Nur mit dir

Wie kann ich einen anderen lieben
wenn meine Liebe nicht tiefer geht?
Wie soll ich einen anderen kennenlernen
wenn es mich nicht interessiert, was dahintersteht?

Nur mit dir
empfinde ich wahre Liebe, die mein Herz erfüllt
Nur mit dir
entfacht Sehnsucht in mir, nur mit dir wird sie gestillt

Nur mit dir
will ich über den Gang schreiten und zum Altar gehen
Nur mit dir
will ich meine Kinder in meinem Bauch wachsen sehen

Nur mit dir
will ich jeden Morgen meinem Bett erwachen
Nur mit dir
will ich durchs Leben gehen, nur mit dir zusammen lachen

Alles und noch mehr will ich nur mit dir erleben
und mit keinem anderen auf der Welt
Denn mein Herz kannst nur du berühren
ich warte ein Leben lang, wenn es sein muss, bis der Vorhang fällt

Stillgelegt

Aus der Bahn, auf den Bahnhof raus
geh ich unsicher die steilen Treppen rauf
Doch der Bahnsteig ist menschenleer
auf den Gleisen herrscht kein Verkehr

Niemand, der mich schreien hört
niemand, der mir Treue schwört
Ich kann meinen Platz auf dieser Welt nicht finden
ich fühle, wie mir die Kräfte schwinden

Die Lampen leuchten rot
jedes Glück, was ich besaß, scheint tot
Die Uhren sind bei Null stehengeblieben
ich bin wohl in den falschen Zug gestiegen

Nun warte ich solang in diesem Niemandsland
auf den liebenswerten Mann, der mich retten kann

Der Kuss

Ein Zittern, ein Flüstern, ein Atemzug
nur noch entfernt, von dem, was sich jeder Mensch erträumt
ein lang ersehnter Wunsch, den man in sich trug
das, was jeden Tag passiert und mancher ein Leben lang versäumt

wenn du die Augenlider langsam schließt
und das Herz dir bis zum Halse schlägt
wenn der Atem dir wie ein kitzelnder Sommerregen entgegenfliegt
und ein gewaltiger Blitz deinen ganzen Körper lähmt

wenn der Abstand immer kleiner wird
bis dir jedes winzige und schöne Detail auffällt
wenn es dir auf angenehme Weise die Luft abschnürt
und deinen Geist und Körper vollkommen gefangen hält

wenn das Feuer zu einem Feuerwerk übergeht
weil sich Liebe und Leidenschaft auf deine Lippen legt
dann erfährst du die schönste Macht auf Erden
die dir niemals kann gestohlen werden.

Für „Sebi".

I wish...

Wie kein anderes Jahr
zog Weihnachten in diesem viel zu schnell vorbei
ein Blick zurück und mir wird klar
ich schwebte all die Zeit zwischen Realität und Träumerei

Nur eines ist wie gehabt
das sind die üppigen Geschenke unterm Baum
und selbst wenn sich die Seele daran labt
träumt mein Herz seit langem schon nur einen Weihnachtstraum

Der Traum von einem Leben zu zweit
von einem Mann, mit dem ich in eine Richtung blicke
dessen Liebe in meinem Herzen und meinen Augen wiederscheint
seit langer Zeit nur dies Gebet, das ich gen Himmel schicke

Pünktlich zum Fest der Liebe trittst du dann in mein Leben
zeigst grinsend mit deinem Finger auf mich
und der Moment, in dem man mir das schönste Geschenk gegeben
ist, wenn wir einander ehrlich sagen können: „Ich liebe dich."

Für Sebastian.

Liebe?

Lass es mich noch einmal fühlen
was du mit deinem Kuss ausgelöst hast
Tief in mir will ich es noch einmal spüren
bis ich ergründet habe, wie du solch ein Wunder schaffst

Du scheinst zu spüren, was ich will
all meine Sehnsüchte scheinen dir vertraut
In deiner Gegenwart schweigt mein Herz still
und klopft mir dennoch bis zum Halse laut

Du weißt genau, wie ich zu begeistern bin
selbst die Abgründe meiner Seele bleiben dir nicht verborgen
Ehe ich ihn erwiderte, warst du mit einem Blick in mir drin
doch fürchten brauche ich mich nicht, fühl mich ganz und gar
geborgen

Nahezu magisch ist es, wenn du mir in die Augen schaust
und hilflos bin ich noch dazu
Ein kleines Gespräch, ein Lächeln –
schon bin ich meiner Sinne beraubt
der Gedanke an dich trägt mich am Tag
und lässt mir im Traum keine Ruh'!

Ahnungslos (geliebt)

Ich muss immerzu an dich denken
mein Tag lässt mich kalt
Fernsehen, Bücher – nichts vermag mich abzulenken
ich fühle, wie dein Name in meinem Herzen widerhallt

Deine Stimme klingt wie Musik in meinen Ohren
deine Augen wecken längst verlorenes Vertrauen
Weil sie sich tief in meine Seele bohren
und, ohne mich zu fragen, neue Hoffnung in mir bauen

Dein ist von bedingungsloser Wärme erfüllt
die sich auch in deinem Antlitz bemerkbar macht
Auch dein einzigartiger Humor ist es, der mir so gefällt
ebenso dein Charme, der in mir sofort ein heißes Feuer entfacht

Aber von alldem weißt du leider noch kein Stück
haben wir doch eben erst begonnen
Dennoch macht es mich schon ganz verrückt
denn mein Herz hast du schließlich längst gewonnen!

Für Sebastian,
in Liebe Michaela.

Ein neues Wunder

Ich kann dir nicht erzählen
welch ein Gefühl in meinem Herzen ruht
Als würde ein Dieb mir die Worte stehlen
ist aber auch kein Wort der Welt gut genug

Doch wenn ich könnte, wie ich wollte
so lass mich dir beschreiben
dass, so wie es ist, es auch sein sollte
um mich zu überzeugen, an deiner Seite zu bleiben

Ich gebe zu, dass die Angst noch in mir schlief
von deiner Liebe nicht berührt zu werden
Doch auch du bist es, dessen Namen ich nachts rief
weil ich glaubte, vor Sehnsucht fast zu sterben

Und letzte Nacht spürte ich ein Wunder in mir erwachen
dass mich wieder zu lieben lehrt
Da saß ich nun, wusste nicht – sollt ich weinen oder lachen?
denn mein Herz hatte deine Zuneigung nicht verwehrt

Mitternacht

Ich kann nicht schlafen gehen
weil mein Geist nicht ruhen könnte wegen dir
und selbst wenn, in jedem Traum würde' ich dein Gesicht nur sehen
denn mit jeder Faser meines Körpers fehlst du mir

Ich sehne mich nach deinen Blicken, Zärtlichkeiten, Lippen
immer wieder schreck ich hoch, vermag nicht mehr ruhig zu schlafen
zur dunklen Tageszeit bringst du meine Welt zum Kippen
du beherrschst sie wie ein Meister seine Sklaven

Ich weiß, wovon ich rede, ich hab aufrichtig versucht
deine Gegenwart für falsch zu erklären
doch bitte, versteh mich nicht falsch, ich hab sie nie verflucht
nur weil du im Begriff bist, mein Herz zu stehlen

‚Ich liebe dich' ist nicht genug für mich
weil sich in drei Worten kein Gefühl beschreiben lässt
diese Lektion erfahr ich nun durch dich
dennoch halt ich mit dir an deren Bedeutung fest

Für meinen Liebsten.

Verführung

1000 weitere Gedichte könnte ich verfassen
um dich zu lieben, zu umarmen, zu küssen
doch auch dann könnte ich nicht davon lassen
dich in jeder Nacht schmerzlich zu vermissen

Jedes Mal, wenn jeder von uns seines Weges geht
würde ich dich am liebsten mit nach hause nehmen
denn in jedem Traum bist du es, der meine wildesten Fantasien
belebt
wenn ich morgens erwache, will ich mich auf deiner nackten Brust
niederlegen

Hör was geschieht, du lässt das Tier aus mir sprechen
das unbefriedigt seiner Beute nachjagt
doch damit muss ich kein Versprechen brechen
denn ich habe nie behauptet, ich sei brav...

Ich will dich fühlen, dich verführen
mit jeder Faser meines Körpers und all seinen Sinnen
bis zur Ekstase will ich dich in mir spüren
nicht länger all die Sinnlichkeiten in meinem Geist
zusammenspinnen!

Ruhe und Zuflucht

Die Menschen um mich rauben mir heute meine Energie
und all meine Geduld
Die Welt ist mir zu laut, es ist von allem zu viel
doch daran geb' ich auch der Sehnsucht nach dir Schuld!

Wenn alle an meinen Nerven ziehen
wenn mir nichts und niemand Ruhe lässt
Dann will ich in deine Arme fliehen
dann halt mich bitte in deiner Umarmung fest!

Denn du bist mein Zufluchtsort
wenn die brutale Realität wieder Wellen über mir bricht
Allein mit deiner Stimme jagst du meine Sorgen fort
in der dunkelsten Nacht ist sie mein wärmendes Licht

Schon ein Lachen, das deiner Stimme entschwindet
vollbringt, dass mein Herz wieder zur Ruhe findet

Für den Menschen, der mein Herz höher schlagen
und es gleichzeitig zur Ruhe kommen lässt.

Sprachlos

Deine Gegenwart macht meine Knie weich
durch deine Abwesenheit fühl ich mich verloren;
ich muss fast weinen, wenn ich über deine Wange streich,
denn mit jedem deiner Küsse werd ich immer wieder neu geboren.

Du scheinst mich ohne viele Worte zu verstehen,
sanft küsst du allen vergangenen Schmerz fort;
im Moment sehe ich meine Welt sich nur um deine drehen
seit langer Zeit suchte meine geschundene Seele solch einen Ort.

Du hast es mir noch nicht gesagt,
doch das Schlagen deines Herzens verrät, was in ihm vor sich geht;
ich weiß nicht, wann sich deine Liebe auch über deine Lippen wagt,
doch weiß ich, dass deine Liebe in deinen Augen geschrieben steht.

Und ich kann es kaum noch verschweigen,
obwohl ich nicht weiß, wie es am schönsten klingt;
‚Ich liebe dich und will an deiner Seite bleiben',
du bist vielleicht die Liebe meines Lebens, die Liebe, die mein Herz
durchdringt.

Tage wie diese

Grau in Grau
der Himmel schüttet Wolken aus
Fern vom Sommerblau
schau ich zum Fenster raus

Auf meinen Schultern lastet die Welt
und fühl mich doch federleicht
alles was man vor mich stellt
brauch ich, denn es macht mich gleichermaßen stark und weich

Es macht mich stark
um dich zu lieben
Es macht mich weich
um in deinem Schutz zu liegen

Mein Kummer, der mit dir verweht -
lässt mich zu dir gehen
Deine Lebensfreude, die in uns beiden lebt
lässt mich wieder Gutes sehen

Für uns.

Verliebt

Das erste Mal in meinem Leben
fühl ich mich, als wäre ich wieder zum ersten Mal verliebt
Wie niemals jemand zuvor lässt du mich so hoch schweben
niemals hätte ich geglaubt, dass es so was für mich noch gibt

Schmetterlinge im Bauch, ein rasendes Herz
selbst wenn du nicht in meiner Nähe bist
Gefolgt von einem stechenden Schmerz
und dem Gedanken, ob du mich auch so sehr vermisst

Ich schreibe es dir, ich schreibe es der ganzen Welt
du findest sie weit und breit
Niemals werde ich zulassen, dass sich ihr etwas entgegenstellt
meine Liebe zu dir durchdringt selbst Raum und Zeit

Und ich weiß, du bist der Richtige für mich
denn schon vor unserer Zeit hast du mich im Traum besucht
In meinem Leben gibt es nur einen Mann, gibt es nur dich
denn mich hast gesucht, deine Stimme ist es, die mich ruft

Sonnenschein

Schmunzelnd, kühn und frech
kamst du mir entgegen
hielt dich kaum für echt
warst so lebendig, so verwegen

An Tagen voller Regen
strahlt dein Lächeln heller noch als Sonnenschein
mit dir fang ich wieder an zu leben
als ich noch danach sehnte, die Welt in Grund und Boden zu
schreien

Heiß wie Feuer, wild wie Wasser, stark wie Erde, leicht wie der Wind
so vielseitig wie die Elemente und das Leben
wirkst du auf mich - wie des Glückes Lieblingskind
hast aller Götter Segen

Mit der Aura eines Engels
und den Gedanken eines Schelm
bist du zum einen gut und rein
und kannst im nächsten Moment „teuflisch" sein

Vom Vermissen

Mein Blick wandert zwischen deinen Augen und Uhrzeiger her
ich hab das Gefühl du lächelst mich an
doch mein Herz wird auf einmal schrecklich schwer
denn ich komm nicht an dich heran

Du scheinst so weit weg
und bist mir doch so nah, wie der Himmel über mir
ich beweg mich nicht vom Fleck
zugleich treibt mich alles an mir fort zu dir

Gerade noch himmelhochjauchzend
jetzt schon wieder zu Tode betrübt
weiß ich aber, dass ein jeden die Angst stets begleitet
wenn man jemanden so tief liebt

Ohne dich fehlt der Teil
der ich gern wäre und mit dir bin
in einem Tränenmeer bist du das rettende Seil
am Ende jeden Tages zieht es mich immer wieder zu dir hin

Verlangen

Verführ mich
Berühr mich
Spür mich
Führ mich
Bis zum Ende der Nacht
Bis der Morgen erwacht
will ich dich fühlen
will ich mit dir spielen
viel zu lang dagegen angekämpft
viel zu lang vom Verstand gelenkt
sollst du mich nun mit Haut und Haaren fassen
werde ich mich in deinen Armen fallen lassen
keine leeren Versprechen
nichts bereut
in der Gewissheit mit meinem Stolz zu brechen
gibt es nichts, was mein Herz scheut
scheut nicht den Mann, den es begehrt
auch nicht seine Leidenschaft, die es bislang immer verwehrt.

Vertraut

In einer Welt
die so rastlos ist wie diese
bist du es, der mich hält
wenn ich über dem Abgrund schwebe

Was du mir gibst
weiß ich nicht zu krönen
ein Engel, den der Himmel schickt
bewegt sich über allem im geistig Schönen

Ein mir vertrautes Gesicht
eine Seele, in die man tief blicken kann
mehr wollte ich vom Leben bisher nicht
doch kam ich bisher nur annähernd an jenes Ziel heran

Plötzlich klopfst du an meine Tür
die so lang verschlossen war
mit Liebe und Verständnis stehst du vor mir
nur dir zeigte sich der Schlüssel nicht unsichtbar

Sehnsucht

Ein Seufzen in der Dunkelheit
mit Wehmut in der Stimme klingt
die bis zum Himmel schreit
eine stille Winternacht durchdringt

Mit einem Teil von dir
Tag und Nacht an meinem Herz
hab ich auch einen Teil Selbst bei mir
welcher lindert meinen Schmerz

Wenn mich der Kummer als Erste findet
wenn alle Welt gegen mich zu sein scheint
wenn mir Kraft zum Mute schwindet
spüre ich, wie meine Seele nach dir weint

Wenn ich fröhlich bin
sehn ich mich deinem wunderschönen Lachen
es zieht mich genau dann zu dir hin
wenn ich fühle, dass Engel über mich wachen

Für meinen über alles geliebten Schatz, Sebastian. ♥

Stark

Du glaubst mir fehlt die Kraft
doch aus seiner Liebe schöpf ich neue Energie
zweifelst daran, dass ein Mensch allein das schafft
du sagst, es zwingt mich schon noch in die Knie

Ich spüre, alles in dir glaubt
mir fehlt der Mut, in mir erlischt das Licht
doch solang man mich meiner Liebe nicht beraubt
verlässt mich auch nicht die Zuversicht

Die Zuversicht, dass er mich liebt
gibt mir die Kraft, nach vorn zu sehen
wenn meine Seele tief am Boden liegt
reicht er mir seine Hand um immer wieder aufzustehen

Und ihn glücklich zu machen, ihn lächeln zu sehen
ist das was mich glücklichsten macht
doch niemals soll das Wort der Gegenleistung zwischen uns stehen
solange nur sein Herz für mich schlägt und lacht

L.O.V.E.

Kennst du das Gefühl, endlich angekommen zu sein
wie es ist, sich zu hause zu wissen
nicht mehr gegen die Welt zu schreien
nicht länger blind umherwandern zu müssen.

Wichtig zu sein für den Menschen, den man liebt
in der Hoffnung, ihn jeden Tag glücklich zu machen
dass sich auch nie etwas zwischen diese Bindung schiebt
bete ich, dass die Engel stets über meinen Schatz wachen

Er ist mein Leben, meine Antwort und mein Sinn
noch mehr als alles andere wert
noch tausend Mal will ich sein Herz für mich gewinn
solange ihm meine Liebe gehört

So chaotisch wie um diese Welt
in der ich meinen kleinen Geist verloren glaubte
war es auch um mich bestellt
bis er mir wieder Leben in meine Seele hauchte

Schwachpunkt

Du bist meine Sonne, der hellste Stern
wenn sich die Nacht mal wieder über mich legt
bin ich dem Glück nicht allzu fern
solange mich deine Gegenwart durch dieses Leben trägt

Du lässt im selben Augenblick
mein Herz aussetzen und höher schlagen
mit einem Blick, einem Kuss von dir gibt es kein Zurück
aus dem Ort, an dem ich lernte, wieder zu hoffen zu wagen

Ich hoffe, ich fülle dein Herz, mit jedem Tag,
an dem du bei mir bist, mit purem Glück
in Gedanken sowie in meiner Gegenwart
sodass du niemals bereust, dass du bei mir bist

Mein wahr gewordener Traum, mein persönliches Paradies
mein Herz, meine Liebe, mein Zuhause, meine Welt
der in mir wie in einem offenen Buche liest
wenn sich mein Innerstes den anderen verborgen hält

Ohne dich

Ausdruckslos und leer
eine Hülle ohne Geist
das Atmen fällt mir schwer
ohne den Menschen, der mich aus der Dunkelheit weist

Tränen rennen mir über glühende Wangen
spiegeln meine Einsamkeit wieder
Ohne dich muss ich um mein Seelenheil bangen
ohne dich klingen in mir melancholische Lieder

Mit dir lerne ich bedingungslos zu lieben
wobei keine Gegenleistung mehr zu erwarten ist
das größte Glück, mich in deiner Umarmung zu wiegen
im Gegenzug, den Schmerz, wenn alles an mir dich vermisst

Bis hierher kam ich wohl allein zurecht
ich ahnte nur, was mir fehlt
nun vergesse ich Vernunft und Verstand, vergesse gut und schlecht
nur die Liebe, mein Herz das für dich schlägt ist das, was noch zählt

Traumhaft

Keinen Tag mehr ohne dich zu sein
Ist der mindeste Wunsch, den ich in mir trag
Besitzen will ich dich jedoch nicht, bloß ganz für mich allein
dein Bild trägt mich durch jede schwarze Nacht, jeden grauen Tag

Während unseres allerersten Kuss
der mich innerlich zerspringen ließ
habe ich es tief in mir schon längst gewusst
in welche Richtung meine Zukunft von da an wies

Und all das was bisher in meinen Ohren abgedroschen erklang
verwandelt sich in etwas, wonach mein Herz verlangt;
Für immer, zusammen, wachen, träumen, zu hause angekommen

Jede Nacht muss ich mich überzeugen, nicht im Fieber zu liegen
jeden Tag mich erinnern, mich nicht in Träumen zu wiegen;
Denn deine Liebe ist das Beste, was ich je gewonnen.

Versprechen

Heute gebe ich ein Versprechen
das für dich, für mich, für unsere ungeborenen Kinder hält
mit dem Versprechen es nicht zu brechen
ganz gleich, welche Art von Sorgen sich uns entgegenstellt

Mich trägt mein Traum
durch jede noch so dunkle Nacht
durch Zeit und Raum
mit dir bin ich aus einem endlosen Albtraum erwacht

Du hast mich unendlich viel gelehrt
mutiger, stärker, unabhängiger zu sein, wie man sich richtig wehrt;
Bisher habe ich nur geahnt, was in mir steckt

Deshalb will ich dich immer lieben, schätzen, ehren
mich gegen jeden Anflug von Ärger wehren;
Mit dir kann ich sehen, wie sich ein Leben zu zweit vor mir erstreckt

Vorbild

Wenn mir nichts mehr echt erscheint
bist du das einzig Wahre in dieser Welt
wenn meine Umwelt mich nicht mehr zusammenhält
bist du der Erste und Letzte, der um mich weint

Du bereitest mir niemals Kummer oder Schmerz
du tust mir so unendlich gut
die Kraft und Harmonie, die in mir ruht
heilt meinen Geist und läutert mein Herz

Deine Ruhe und dein Sanftmut
sind absolut bewundernswert, ich ziehe meinen Hut;
wie soll ich es anders sagen, du bist mein unerreichtes Vorbild!

Du bist so viel gelassener als ich, die Ruhe in Person
Respekt nennt sich dadurch dein verdienter Lohn;
mit alledem wirkst du auf mich wie ein schützendes Schild!

Für meinen Sebastian, von dem ich (noch) viel lernen kann!

Dein zweites Gesicht

Ich will nichts davon hören
will nicht mit hineingezogen werden
auch das Geheimnis nicht vor ihr verbergen
und, wie du, mit ihren Gefühlen spielen

Du weißt, du tust ihr damit weh
dennoch kannst du deine schmutzigen Finger nicht von ihm lassen
an ihrer Stelle würde ich dich ebenso sehr hassen
und ich hasse dich dafür, dass ich nun zwischen euch steh'

Selbst sie hat das nicht verdient
ganz gleich was du sagst, was war, was noch geschieht;
für dich ist es längst zu spät, vergangene Taten wieder gut zu
machen!

Doch auch du wirst noch auf den kalten Boden prallen
wirst auch verletzt, wenn die noch so schönen Mauern fallen;
du allein entscheidest, wann es gilt aus diesem Albtraum zu
erwachen.

Unruhig

Ich habe Angst dich von jetzt auf gleich zu verlieren
auch, wenn nur diese eine Nacht uns trennt
selbst in deiner Nähe spür ich, wie ein Meer meinen Augen entrinnt
obwohl ich mir keine Sorgen machen muss, kann ich mich nicht
dagegen wehren

Mein Sonnenschein, mein Herz, mein Allerliebstes auf der Welt
wo du auch bist, trag ich dich mit jedem Schritt in meinem Herzen
damit du immer wieder zu mir findest, entzünde ich Millionen Kerzen
wenn dich alles Gute verlässt, bin ich die, die deine Hand noch fester
hält

Ich kann nicht schlafen gehen, bin schon viel zu lange auf
meine Sehnsucht bewirkt, dass ich rastlos durch alle Zimmer lauf';
ohne dich wirkt mein sonst so schönes Bett kalt und leer

Mir fehlt dein Lachen, dein Seufzen, das Funkeln deiner Augen
genauso wie deine Lippen, die mir liebevoll den Atem rauben;
wenn du nicht bei mir bist, fällt mir alles sonst so Leichte schwer

Die Reise

Könnt ich dich doch jetzt in meinen Armen halten
was würde ich darum geben
nun neben dir zu liegen
für einen Kuss auf meine Stirn, gelegt in tiefe Falten

Es vergeht kaum ein Tag ohne dich an meiner Seite
doch die Zeit mit dir ist dennoch knapp
das Warten auf unsere große Zeit hab ich lange satt
meine Sehnsucht zieht mich mit dir in die Ferne, hinaus ins Weite

Was soll ich sagen, es ist nicht dein Körper, der neben mir steht
es ist dein Geist, der mir schon lang so schmerzlich fehlt;
Wach mit mir auf, lass uns wieder was erleben!

Nur wir beide, zweisam in unserer großen, schönen Welt
du an meiner Seite, deine Hand die, die meine hält;
Lass uns, so wie zuvor, über die Dächer der Großstadt schweben.

Mit jeder Faser

Eine Freundin erzählte mir
von ihrem ehemaligen Freund
Sie sagte: „Wenn ich ihn mir jetzt ansehe...
finde ich ihn überhaupt nicht mehr attraktiv."
Ich war schockiert
und musste gleichzeitig lächeln.
Das kann und wird mir nie passieren!
Dafür liebe ich dich zu sehr.
Von Kopf bis Fuß.
Innen sowie außen.
In deinen Augen könnte ich versinken.
An deinen Lippen möchte ich hängen.
In deine Haare würde ich mich reinlegen.
Deinen Geruch möchte ich jederzeit atmen.
Und mit deinem Körper will ich verschmelzen.
In deine Haut eindringen.
Ich liebe dich.
Für immer.

Hand in Hand

Komm,
beginnen wir von vorn.
Gestern lassen wir zurück
im Dunkeln tappen
Nur du und ich
auf dem Weg ins Licht
Hand in Hand
gehen wir zusammen
Wie Bruder und Schwester
und doch zwei Liebende
auf dem Weg ins Glück.
Komm!,
wir schauen nie mehr zurück.

Unerreicht

Klüger,
freier,
weiser,
schöner
im Herzen
geduldiger,
fröhlicher,
lebhafter,
mutiger,
behüteter
als ich
alles, was ich
sein wollte,
dachte, was ich bin,
das du bist
mehr als ich,
mehr als ich jemals sein werde
alles, was ich nie war
alles, was ich immer sein will.
Unerreicht.

Ich sehe was, was du nicht siehst...

Heute schwer, morgen leicht
manchmal tief, manchmal seicht
von jetzt auf gleich
von Schmerz bis zu Liebe reicht

Meine Augen sind offen
mein Herz ist es auch
von dir tief getroffen
wird mir bewusst, wie viel es braucht

Ich atme dich, deinen Geist
wie wenig du dies weißt...!
Ich lebe durch dein Herz,
das mit Liebe gefüllt, und ein wenig Schmerz

Keineswegs im Fühlen eins
ist dein Herz doch reiner als meins
Im Lieben so viel stärker
doch im Nehmen umso härter

Ich komm nie nah genug
Und nicht umhin,
dich zu bewundern, ohne Selbstbetrug,
zu wissen, du bist Für immer, und ich für immer mittendrin.

In Liebe,
    deine Süße...

Menschlichkeit

Wie viel können wir Menschen verzeihen,
wie viel können wir ertragen,
wie laut können wir schreien,
wie lang bis all unsere Kräfte versagen?

Wenn ich so viel mehr verzeihe,
als du es an Stelle meiner kannst,
wenn ich uns aus der Gefangenschaft befreie,
bedeutet dies, dass du mir auf der Nase herumtanzt?

Doch wie soll es anders sein,
wenn du den Schritt nicht wagst?;
Einer von uns muss Schwäche zeigen, muss für zwei vergeben.

Oder irre ich vielleicht im Denken,
in Wirklichkeit bin *ich* womöglich stark?;
Denn ich kämpfe um Beziehungen und ihr Überleben.

Geständnis

Die Wahrheit ist,
dass ich dich vermisse
sobald du gehst
dass ich glücklicher bin
wenn du vor mir stehst
dass ich über mich selbst ärgere
öfter als über dich
dass das der Fall ist
gesteh ich jedoch nicht.

Die Wahrheit ist,
ich bewundere dich mehr
als jede Berühmtheit dieser Welt
denn für dich ist vieles nicht schwer
zu tun, was den Meisten umso schwerer fällt.

Die bittere Wahrheit ist,
dass mit dir noch mehr Tränen fließen
manchmal aus Angst, manchmal aus Freude
aber immer aus Dankbarkeit
mit dir das Leben zu genießen!

Die Wahrheit ist, dass ich dir vieles schuldig bin,
meinen Seelenfrieden,
wenn nicht gar mein Leben,
die letzte, absolute Wahrheit ist,
dass du mein Vorbild bist
und ich immer versucht bin nach allem,
was du bist, zu streben.

Bleib wie du bist

Bleib wie du bist
beweg dich nicht
beweg dich kein Stück
andernfalls wird das Bild entrückt.
Das Bild von dir
fest verankert in mir
das Bild von uns beiden
in Marmor gehalten – für alle Zeiten.
Lass nicht los
lass mich nicht gehen
selbst der stärkste Sturm wird meine Gefühle nicht verwehen
auch ich bleibe standhaft
auf dem Boden
und mit aller Kraft
halte ich an dir fest
halte fest am Paradies
an unserem Glück.
Solange du uns glücklich siehst
beweg dich kein Stück,
beweg dich kein Stück.

Es war einmal...

Sieh nur,
die Prinzessin, wie sie strahlt
schöner als das Sonnenlicht
wer hätte denn gedacht
dass man so für Glück bezahlt?
Sieh noch genauer hin
wie sie in ihrem Glück aufgeht
nie hat sie so geliebt, so gelebt
wie mit dem Mann, den man an ihrer Seite sieht.
Und die Prinzessin,
sie strahlt weiter, sie lacht, sie weint,
sie liebt, sie kämpft, sie schreit,
mit allem was dazugehört
liebt sie
wie mancher nur davon träumt.
Und ihr Märchen
wird jeden Tag neu erzählt
nur eines
hat man mit keinem Wort erwähnt:
dass kein irdischer Mann als Prinz erscheint
dass es kein Glücklich-bis-ans-Ende-aller-Tage gibt
ganz egal, wie sehr das Mädchen seinen Prinzen liebt.
Mein Prinz ist auch nur ein Mann
mein Märchen nur eine Bilderbuchillusion
die Wahrheit ist die,
dass ich ihm wohl alles geben konnte und es doch nicht kann
Doch wahr ist auch
ich will ihn nicht von mir stoßen
und noch viel schlimmer ist
ich möchte ihm verzeihen
dass er mich kränkte, mich verletzte
mein Vertrauen missbrauchte
Die Liebe ist kein Märchen
mit Happyend
doch meine Liebe zu ihm gleicht jener,
die keine Grenzen kennt.

Was wäre wenn...?

Der Einzige in dieser Welt
der mir tief in die Seele sieht
der weiß, wie es um mich steht
der mich mit jeder Faser liebt
grenzenlos
manchmal mit viel Schmerz
doch zweifellos
immer mit ganzem Herz
um das ich nun bange
denn ich frage dich, wie lange
wird heute sein,
wie lange bist du noch „mein",
was wird aus morgen,
muss ich mich darum schon sorgen?
Wenn ich so bleibe, wie ich bin,
schwindest du morgen womöglich dahin?
Kann ich dich so noch halten,
magst du dich lieber ohne mich entfalten?
Diese und viele andere Fragen
mag ich zu stellen kaum wagen.

STOLZ

Du hast mein Vertrauen
du verdienst dir Respekt
ich kann dich durchschauen
ich sehe wie kaum ein anderer, was in dir steckt

Was immer du tust
ich erblick es mit Stolz
die Art, wie du in dir ruhst
und deine Ziele verfolgst

Nie hab ich mehr geliebt
nie hab ich mehr gestaunt,
über einen Menschen dieser Welt.

Was das Leben mir gibt
ist mehr, als ich zu hoffen geglaubt,
du hast meine Galaxie erhellt.

Ein Leben lang

Ich sehe dich nach den Sternen greifen
ich sehe dich deinen Weg bestreiten
ich sehe dich auf dem Gipfel dieser Welt
ich sehe, dass sich dir nichts und niemand in die Wege stellt

Ich erblicke in dir den Mut einfach loszulassen
von den Dingen und Sorgen, die uns Menschen begleiten
ich erkenne in dir den Geist etwas Neues zu schaffen
worum die Neider eines Tages streiten

Alles Wahre dehnt sich in mir aus
vom Schönen, über Stolz
bis hin zu Liebe – frei von Schmerz
als treuen Wegbegleiter hast du mein Vertrauen – tagein, tagaus

Mein Wunder aller Zeiten
offenbarte das Leben mit dir
offenbarte auch manches Wunder in mir
ein Wunder von Liebe und der Stolz auf deine Person,
die deine Wege ein Leben lang begleiten.

Mit dir, für immer, an deiner Seite

Du hast mich gelehrt, was leben heißt
mit dir lernte ich die Welt neu entdecken
jeden Tag eine neue Erinnerung, die zusammenschweißt
ein Abenteuer mit dir hieß, vor nichts zurückzuschrecken

Ich kannte die Welt
jedoch nicht so gut wie du und deine Leute
so hat sich mir die Frage gestellt
wonach ich mich schon immer sehnte

So hast du mich ohne Zögern gepackt
mich ins Ungewisse geführt
am Ende eines Tages habe ich geweint und gelacht
die Enthüllungen des Lebens haben mich zu Tränen gerührt

Heute bin ich mir bewusst
ein Leben lang ohne dich zu sein,
wer hätte es gewusst?,
ist wie ein Leben ohne Sonnenschein

Abschied

Sie geht -
immer die Straße entlang
Sie geht -
und blickt zurück
Sie geht -
Tränen liegen in ihrem Blick
Sie geht -
fragt sich, `was habe ich falsch gemacht?'
Sie geht -
versucht zu verdrängen
Sie geht -
würde sich aber am liebsten erhängen
Sie geht -
will alles vergessen
Sie geht -
hofft, sie wird von diesem Schmerz zerfressen
Sie geht -
und bleibt stehen,
zwingt sich, nicht durchzudrehen
Sie fängt an zu rennen -
und bleibt plötzlich stehen
Sie hebt den Kopf -
und lässt es geschehen
Ein letztes Mal wirbelt sie herum
und schaut zurück
ein letztes Mal
mit diesen Worten in ihrem Blick:
Lebe wohl
ich wünsch dir viel Wohlergehen!,
denn nun
haben wir uns das letzte Mal gesehen...
Das war an ihn ihr letztes Wort
Sie lief davon -
nur fort von diesem Ort.

Die Dunkelheit

Dunkel...
Es ist kalt und leer
ich bin müde, fühl mich schwer-
es ist dunkel.
Die Dunkelheit bricht übers Land herein
erstickt meine Gefühle, schließt mich in ihr ein.
Meine Seele unterdrückt, an der falschen Liebe erkrankt
hält sich am Leben durch Hass, Schmerz und einer fremden Macht.
Die Dunkelheit schützt mich vor Schmerz und Lügen
versteckt mich vor diesen Gefühlen.
Doch dann dämmert der Morgen
und zeigt der Welt meinen Kummer und die Sorgen.
So wart ich immer wieder auf die Nacht
auf, dass sie mich aufs Neue verschluckt und bewacht

Verlust

Die Tür verschlossen
Tränen sind geflossen.
Mein Gesicht im Schoß, ich frage mich -
wo bist du bloß?

Ich sitze hier, einsam und allein
schreie alles stumm in mich hinein.
Du möchtest mich nicht mehr sehen-
doch warum?!

Ich kann es nicht verstehen...
Du nimmst mir vieles krumm
doch fragst du nicht-
warum?

Ich habe mich verändert.
doch fragst du nicht: „Wieso?"
Stattdessen redest du schlecht
und wendest mir den Rücken zu.

Weißt du denn, warum ich weine
weißt du, wie ich manchmal leide?
Ich bitte dich, hör mir zu...!
und wende mir nicht den Rücken zu.

Ich mache alles wieder gut
und gebe dir neuen Mut
Ich werde weiter an dich glauben-
ich hoffe du auch an mich...
und ich möchte dein Lachen wieder fangen
und dir deine Tränen rauben...

Ich werde immer an uns glauben.

Für Marc, den ich wie einen Bruder richtig lieb hab!
Es tut mir leid!

Es wird einmal....

Den Einzigen, der mich je verstand
hatte ich aus meinem Leben verbannt
unabsichtlich - tief getroffen
hab ich mitten in sein Herz geschossen

Auch jetzt denke ich noch daran zurück
als ich ihm meinen Platz verwehrte
in meinem Herzen, ein kleines Stück
und das Gesicht -
das ich sah, wie ich ihm den Rücken kehrte

Die Möglichkeit mir zu sagen
dass ich ihm fehle
würde er sich nicht mehr trauen zu wagen

Doch wir beide glauben immer noch daran
eines Tages kreuzen sich wieder unsere Wege
wenn wir uns erinnern, wie glücklich wir als Kinder waren.

Marc S., du fehlst mir.
Mein Herz war einst frei für dich.
Ich war nur zu ängstlich, es zuzugeben.
Verzeih mir!

In Liebe, Michaela

Eiserne Ketten

Diese unsichtbaren Ketten an mir
ich schleppe sie mit mir herum
vermag es nicht sie abzunehmen.
Sie sind so fest...
dass es dort, wo sie mich belasten,
anfängt zu bluten.
Sie schneiden sich tief in meine Haut
und niemand hört mein verzweifeltes Schreien
Diese Ketten-
sie symbolisieren all das
was ich hasse
diese Bilder wollen mich nicht loslassen
Ich kann mich nicht befreien,
nicht ausreißen
Dieses Haus-
Wo ich auch hinsehe-
Erinnerungen, Bilder, Fotos, Gegenstände-
sie spiegeln sich in diesen Ketten wieder
Ich kann sie nicht zerstören...!
Und selbst wenn...
Sie haben sich schon meiner Seele bemächtigt
Sie zu verdrängen-
ist schwierig...
sie zu vergessen-
unmöglich...
sie sich anzusehen-
einfach unerträglich!
Die Zerstörung dieser ist unmöglich.

Doch diese zu verarbeiten-
eine Macht ist dazu in der Lage...
Diese Macht -
Sie verkörpert
Verständnis, Wärme ,Freiheit
und
Gerechtigkeit, Vertrauen, Frohsinn
und
Gemeinsamkeiten, Hoffnung, Enttäuschung
und-
Liebe.
Ein Element ist für diese Seele
von größter Bedeutung:
Verständnis
Wenn ein einziger Junge
ohne Zweifel, ohne Zögern
nicht einfach nur „versteht",
es so nimmt und mich unterstützt -
so werden diese Ketten
sich von dieser Seele lösen.
Auch wenn sie noch hier verweilen,
haben sie doch keinen Einfluss auf meine Liebe.
Ich werde „frei" sein und...! -
Aber noch schneiden sie sich
in meine Haut;
noch plagen sie mich,
und keine Menschenseele zuweilen
vermochte es, mich von diesen Ketten endgültig zu befreien.
So gehe ich
Tag für Tag.
an diese Ketten gebunden
und warte auf diesen einen Menschen.

Sorrows of an angel

Folge mir ins Innenherz
denn dort sitzt dieser Schmerz.
Du zerreißt es Stück für Stück
und tötest mich mit jedem Blick.
Meine Tränen versuchen es fortzuspülen,
doch ich kann es noch immer fühlen -
Tag für Tag
holt es mich ein
und erinnert mich daran:
„Du bist ganz allein!"
Meine Flügel gestutzt,
die Seele zerstört,
du hast meine Liebe ausgenutzt,
hat denn niemand mein Flehen gehört?
So bleibt mir nur noch dieser Schmerz,
und in meiner Brust, das verblutende Herz.

Schwarz

Der Himmel färbt sich rot
zeichnet Schatten vom süßen Tod;
In meinem Bauch staut sich die Wut
in meinen Adern gefriert das Blut;
Hass und Rache erfüllt mein Herz
höhnische Worte verbreiten kalten Schmerz;
Meine Vernunft schwindet dahin
steht mir nur noch nach Vergeltung der Sinn;
Ihr Tod wäre nur Befriedigung
weniger noch -
lächerliche Entschädigung.
Höllenqualen haben sie zu erleiden
an angstverzerrten und verzweifelten Gesichtern
werde ich mich weiden;
Lucifer wird sich über ihre Seelen freuen
ich werde deren Überbringer sein;
Lucifers Todesengel ist bekannt
ich wurde von ihm persönlich dazu ernannt;
Zum Morgengrauen werde ich die Tat vollbringen
es wird an jedem Ort als kaltes Liebeslied erklingen.

Wo bist du?

Der Himmel färbt sich rot
am Abendhimmel tanzen Skelette
behaupten, du seiest tot...
was wäre, wenn ich dich nicht hätte?

Grau, weiß, blau...
sind die Farben vom heutigen Himmelszelt.
Langsam wird mir flau
wie wir es weitergehen in meiner Welt?

Alles sinnlos, alles leer
hier ohne dich
fällt mir Jetzt und mein Leben schwer
wenn zurückbleibt nur das „Ich"!

Erinnerungen

Hätte ich einen Brief von dir,
würden meine Tränen deine Worte tränken
Hätte ich keine Kette von dir,
würde sich meine Aufmerksamkeit nicht jederzeit auf dich lenken
Doch unsichtbar bleiben Tinte und Papier
nur die Kette halte ich in meinen Händen hier

Weinen - lächeln, schreien - lachen
um alles ungeschehen zu machen
Erinnerungen -
bleiben bestehen
aber die Leere -
wird mit der Zeit vergehen.

VERGELTUNG

Wie soll ich mich wehren
wenn man mir die Sprache nimmt
wie soll ich mich befreien
wenn man mich kettet

Wie soll ich es erklären
wenn nichts mehr stimmt
Wie lang muss ich schreien
bis mich jemand rettet

Wie kann ich euch helfen
wenn ihr mir die Macht dazu nehmt
wie kann ich euch verstehen
wenn ihr auf mir steht

Woher soll ich die Kraft schöpfen
wenn ihr mich mit Schmerz lähmt
doch bald werdet ihr es verstehen
sobald ich den Spieß hab umgedreht!

Last

Ich hab es getragen sieben Jahr.

Ich finde keinen Rat
ich fühle mich tot
Ich grübe mir gern in die Stille ein Grab
Ich möchte hingehen wie das Abendrot.

Ich lag. Und neben mir
Ich sahe mit betrachtendem Gemüte

Ich gleiche nicht mit dir.

VERRATEN...

Du hast mich immer nur benutzt,
die letzten vier Jahre, all die Zeit,
meine Gefühle wieder und wieder nur verletzt,
nichts, was kostbar bleibt.

Du hast mich immer nur betrogen,
der Rest war nur für deinen Zweck!
‚Ich mag dich' -
ist am Ende bloß gelogen,
unsere Freundschaft warfst du in den Dreck.

Ich war und bin für dich nur zweite Wahl
sehr wichtig bin ich dir wohl nicht...!
Im Grunde bin ich dir egal,
da ich's an jedem Tag spüre -
so sehr, dass es schmerzt und sticht...

Deshalb sag ich dir heut' und jetzt,
ich will, dass du mir aus den Augen
und aus meinem Leben gehst!
Ebenso, wie es dich nicht verletzt
ist's mir doch gleich, wenn du's nicht verstehst.

Unkraut vergeht bekanntlich nicht,
deshalb wirst du das überstehen.
Nun kann auch ich wieder stehen im Licht
ohne diesen Schatten ringsum mich herum zu sehen!

An die fünfzehnjährige Lisa,
die mich aufs Schändlichste benutzt, hintergangen und belogen hat!
Ich will dich nie mehr wiedersehen!

Vorbei

Hör auf dich zu wundern und zu staunen
Tu nicht so, als wäre dir gleich
Ich bin nicht der Knecht deiner Launen
Mein Herz ist nicht dein Königreich

Du brauchst nicht zu verharren
doch geh nicht einfach fort
Ich werde nicht länger zu dir starren
Meine Schwächen sind nicht dein Hort

Der Regen fällt auf mich herab -
abwertend - lieblos
wie dein Wort und dein Verhalten
Du glaubst, dass ich verstanden hab
so bleibst du mir bloß als Erinnerung erhalten?

Ignorama

Mein Geist tanzt durch diese
tote Gasse, sie hatte bereits tiefe Risse
bis hin zur anderen Seite auf die grüne Wiese
die ich in dieser kalten, aber stummen Schlacht vermisse

Du gehst weiter mit deiner Leichtigkeit
überfährst mit Ignoranz meinen bereits verletzten Körper
der am Wegesrand wartet und nach dir schreit
bis meine Stimme schwächer wird und dein Ego stärker

Meine Hand griff nach deinem Arm
du risst dich los, dein Blick war nicht mehr warm:
die Gleichgültigkeit verzerrte dein sonst so süßes Engelsgesicht

Ich stehe noch immer auf den Gleisen
die sich verstellen, um mich nur nicht in deine Richtung zu weisen;
bis du den Fluch von mir nimmst, den deine Seele bis heute spricht

Ohne dich

Nichts, was dich ersetzt
Nichts, in dieser Welt
Nichts, was mir die Leere nimmt
Nichts, was mich noch hält.

Alles verloren an einem Tag
Alles zerstört mit einem Wort
Alles genommen auf einen Schlag
Alles geblieben an einem Ort.

Vieles, was mich an dich erinnern lässt
Vieles, was mich an dich bindet
Wenig nur bleibt uns als Rest
Wenig Zeit, bis sich unsere Liebe wiederfindet.

Erstarrt

Mir fehlt der Bezug zur Realität
nicht mal meine Tränen sind mir nah
Alles scheint so fern - so fern es nur geht
erst wenn sie gierig nach mir greift, spüre ich Gefahr

Alles um mich herum erstarrt zu Eis
wie das Herz in meiner Brust
Nur eines, was ich weiß
ich wäre noch bei dir, hätte ich es doch gewusst!

Die Fasern meines Körpers sträuben sich
gegen jede fremde Liebe
gegen jeden Körper ohne Seele, ohne dich
egal, welchen ich in die Finger kriege

Ich zittere - nicht aus Angst vor Schmerzen
oder Trauer, Hass und Wut
Ich zittere - beim Anblick meines verwundeten Herzens
auf der Suche nach dem verlorenen Blut

Fort

Wo bist du hin?
Fort.
Fort von mir!
Fort mit dem Wind,
fort mit der Zeit.
Aus den Augen,
aus dem Sinn
Da gehst du hin,
bist nicht mehr in mir drin.

Fort.
Fort mit dir,
fort von mir!
Endgültig aus,
endlich aus mir raus.
Aus mir rausgespült,
mit dem Wasser,
mit dem Strom,
mit den Tränen, die ich vergoss.
Fort auch die Liebe, die in mir floss.
Die Erinnerung bleibt,
aber fort - fort ist dein Geist.

Erlösung

Ich kann nichts mehr sehen
Tränen versperren mir die Sicht
Wohin soll ich jetzt noch gehen?
Etwas verweigert mir den Weg ins Licht

Alles um mich herum schwarz-weiß
die Einsamkeit zieht mich herunter
das letzte Lächeln gefriert zu Eis
die Sonne geht blutend am Himmel unter

Alles schmerzt
Alles sticht
Niemand, der mich umarmt

Nichts bleibt übrig
Nichts, außer Nacht
Die sich meiner traurigen Seele erbarmt

Fehler

Ich werde nicht dieselben Fehler begehen
den ihr einst tatet
Ich werde nicht vor demselben Abgrund stehen
ohne zu wissen, welches Grauen mich morgen erwartet

Ich werde nicht so tun
als sei alles okay
Ich werde nicht tatenlos ruhen
und denken: 'Na gut, tut es eben weh'

Ich werde mich nie derart gehen lassen
und meine Familie mit Verbitterung infizieren
es niemals so weit kommen lassen, dass mich jene hassen
von denen dachte, ich könne sie niemals verloren

Niemals werde ich ebenso voreilig handeln
wie ihr in jenen Tagen
niemals werde ich mich in dasselbe Ungeheuer verwandeln
das nun gezwungen bin auf meinen Schultern zu tragen

Wegen euch habe ich Angst
mich fallen zu lassen
Wegen euch habe ich Angst
das Schönste im Leben zu verpassen

Wegen euch
fürchte ich mich in der Nacht
Wegen euch
halten Albträume mich oft wach

Wegen euch
habe ich Schwierigkeiten zu vertrauen
Wegen euch
fällt es mir schwer mir eine Zukunft zu bauen

Wegen euch
frage ich mich jeden Tag – soll ich, soll ich nicht?
Wegen euch
weiß ich nicht, welcher der richtige Weg für mich ist!

Wegen euch
hab ich nie gelernt Konflikte richtig auszutragen
Wegen euch
war mein erster Versuch, mich zu wehren, zuzuschlagen

Und wegen dir
waren Männer lange Zeit in meinen Augen alle schlecht
Nur wegen dir
glaubte ich viel zu lange, du hättest in allem Recht

Wegen dir
ertrank ich lange Zeit im Selbstmitleid
Wegen dir
lernte ich nicht Liebe, sondern Hass, statt Zusammenhalt, nur Streit

Doch auch dank dir, dank euch
bin ich umsichtig und klug in der Wahl meiner Gefährten
Dank dir, dank euch
sah ich täglich Dinge, die mich stets Vorsicht lehrten.

Angst

Ich habe solche Angst davor
dich eines Tages zu verlieren
obwohl man mir oft schon Treue schwor
sah ich meine Wege stets in eine ungewisse Zukunft führen

Nicht noch einmal so verlassen werden
zurückgelassen in der Dunkelheit
nicht noch einmal1000 Tode sterben
während alles in mir nach einem Menschen schreit

Mit einem Bild von dir in meiner Hand
auf dem du mir sanft lächelnd entgegenblickst
zieht es mich in ein fernes Land
an dem es kein Zurück mehr gibt

Deshalb bitte ich dich
es nie so weit kommen zu lassen
mir zu sagen, du liebst mich nicht
denn mir fehlte die Kraft, dich gleichzeitig zu lieben und zu hassen

Für meinen geliebten Sebastian.

Alles auf Anfang?

Eingeschlossen und versperrt
ist der Weg zu meiner Welt
Gesagtes erklingt nur verzerrt
ich versteh die Fragen nicht, die man mir stellt

Doch nur weil es auf der anderen Seite fehlt
keimt kaum Verständnis in mir auf
schließlich ist es nichts, was für mich noch zählt
der Schmerz spült jedes Mitleid aus mir heraus

Ich lasse es nicht so weit kommen
ich lasse nichts und niemanden an mich heran
es ist Zeit sich zu lösen – doch fehlt mir der Mut zu sagen, wann

Mir ist es nicht wert, zu bleiben wo ich bin
ich will meine Kraft nicht darauf verschwenden
versuchen zu retten, was nicht zu retten ist
der letzte Zug wird der meine sein – der letzte Zug, das Blatt zu
wenden!

Abschied, die zweite

Ein falsches Wort,
der falsche Weg,
zum falschen Ort,
zu viel Schmerz zurückgelegt

Wie kamen wir dorthin,
was uns so weit geführt,
wo lag darin der Sinn,
wenn das Ende uns nicht berührt?

Unaufhaltsam über unsere Herzen hinweg
fegt der Orkan der Gleichgültigkeit
über tausend Wege, doch keiner führt zurück
in die Zeit vor diesem kalten Streit.

Fortgespült, wie ausradiert
nichts was noch von Freundschaft zeugt
außer die klaffende Wunde, die unkaschiert
jedem von uns zu Grunde liegt.

Nur ein Traum

Auf ein Wort ist alles schwarz
denn du lockst die Nacht
mein Herz zerspringt in tausend Splitter
ich bin in einem Albtraum aufgewacht
doch ich schlafe nicht
und mein Geist ist klar
trotzdem weiß ich nicht, wie mir geschieht
ich dachte solche Träume werden nicht wahr
Ich glaubte an uns zwei
glaubte aus unserer Zukunft wird etwas werden
ich hielt fest an unserem Leben
doch nun sehe ich es genau vor meinem Auge sterben
Sag, es ist nicht wahr
Versprich, das wird schon wieder
Lüg mich an, schaff mir Illusionen
Hör bitte weiter unsere Lieder
Halt mich fest
erdrück mich, wenn du magst
Sieh mir in die Augen
hör auf dein Herz, das zu meinem sagt:
Ich liebe dich.

Schluss, Aus, Ende?

Ich will keine Tränen mehr
ich will nichts mehr davon hören
ich weiß, das Leben ist nicht fair
doch will diese Liebe nicht mehr fühlen

Was hab ich an mir,
was hast du an dir,
dass es nicht funktioniert
dass alles so eskaliert

Wo sind die Sternschnuppen, die einst fielen
wenn ich sie brauche – die Dschinis, die Elfen, die guten Feen
warum kannst du mich morgen nicht mehr lieben
ich glaubte, ich würde als wichtiger Teil in deinem Leben stehen

Jetzt weißt du nicht mehr weiter
war alles nur ein Traum
nun falle ich von der Leiter
auf die ich stieg, um eine Zukunft zu erbauen

Die Zukunft zerbricht
sie entfernt sich von mir
ich lese es in deinem Gesicht
ich war nie ein Teil von dir

Unerreichbar

Du kannst mich nicht erreichen
mein Herz ist liebevoll, doch versiegelt wie ein Brief
Du kannst es nicht für dich erweichen
denn du bist nie erschienen, als ich so oft deinen Namen rief

Meine Welt -
besteht aus Bücher, Freunde und Ruhm
Deine Liebe -
besteht nur aus Rauch, Traum und Illusion

Unsere Seelen können sich niemals binden
weil sie sich in zwei völlig verschiedenen Welten befinden!

Einsame Nächte

Der Mond scheint heute Nacht noch heller
doch das macht alles nur noch schlimmer
In mir erlischt das Licht
Tränen rennen über mein Gesicht

Alles rückt mir viel zu nah
ich hab es schon so kommen sehen
ich kann's nicht glauben - macht er so was wahr?
ich weiß, ich werde es nie verstehen

Fragen macht nicht immer klug
Schaden nicht immer klüger
Von Gewissheit hab ich genug!
Kind sein ist mir lieber

Zeit heilt nicht alle Wunden
Trost nimmt nicht alle Schmerzen
Nein - Zeit um Zeit kommt abhanden
und nichts dringt mehr vor zu meinem Herzen

Vollmond

Schau nach dem Vollmond
denn er wird sichtbar
Deine Suche wird belohnt
und sein Traum endlich wahr

Lebte um dich zu sichten
lass ihn nicht gehen, halt ihn fest
lebte, um dir den Weg zu leuchten
hofft, dass du der Platz seiner Liebe bist

In der Nacht ging er auf, wiegte sich in Sicherheit
lebte einsam und allein
Am Tage verschwand er in voller Einsamkeit
hatte stets Grund zum Traurigsein

Seine eigene Reinheit quälte ihn
ließ ihn nichts sehen
doch er sollte verstehen
nicht umsonst war dein Bemühen

Wieder allein

Herz schreibt Geschichte
doch das Thema Liebe scheint ihm fremd
erzählt von Gefühlen, schreibt Gedichte
nur hat es vergessen, woran man tiefe Gefühle erkennt

‚Nichts bleibt für die Ewigkeit'
ist das Einzige, was noch zählt
Nichts da, was mich von ihren Ketten befreit
und niemand erscheint, um zu geben was mir fehlt

Ich gab die Suche auf, warf sie hin
als ich, gefangen im Teufelskreis, ständig fiel und liegen blieb
du warst das Trugbild in diesem Labyrinth
das ich als solches erkannte, so wie ich mir Fantasie aus den Augen
rieb

Diese Zeilen sind so leer
wie das Herz in meiner Brust
ich weiß mir nicht zu helfen, zu fühlen fällt mir schwer
dass mich alle verlassen, dessen war ich mir stets bewusst

Und warum?!

So wie der Regen auf den Boden fällt
fließen Tränen in ein Loch tiefster Finsternis
Niemand, der sich ihnen stellt
nichts, was dient als Hindernis

Die Welt um mich verschwimmt
niemand, der mich versteht
Ich spüre, wie das Tuscheln beginnt
und sich jeder mit einem Fingerzeig zu mir dreht

Warum soll ich anders sein?,
wenn ihr nicht mal wisst, was es ist;
das ergibt doch keinen Sinn!

Wohin soll ich denn noch gehen?,
wenn ich nirgends akzeptiert werde;
so wie ich wirklich bin!

Der falsche Pfad

Jeden Tag bin ich auf der Suche
nach jener Macht, die in jedem von uns ruht
Und auch wenn ich sie jeden tag verfluche
schöpfe ich aus jeder bitteren Erfahrung neuen Mut

Rastlos - irre ich umher
ein verlorenes Licht in der Dunkelheit
Ich laufe - kreuz und quer
und mein treuer Begleiter nennt sich Einsamkeit

Den Weg der wahren Liebe versucht mein Herz zu gehen
doch meinen Körper spür ich sich in die andere Richtung drehen;
Und alles scheint verloren

Nun komm doch endlich, fass mich bei der Hand
und führ mich weg aus diesem toten Land;
auf dass neue Liebe wird geboren

Willkommen auf Schloss Einsamkeit

Weißt du, wie man sich fühlt
wenn die Freundschaft am seidenen Faden hängt?
Weißt du, wie man sich fühlt
wenn man als Einzige mit der Fahne schwenkt?

Kennst du den kühlen Tropfen auf dem heißen Stein
hast du schon mal um Zuwendung kämpfen müssen?
Weißt du, wie es ist in der Dunkelheit gefangen zu sein
nein, das kannst du nicht wissen.

Würde das Herz die Augen ersetzen
so wärst du längst erblindet
welches gesunde Herz würde ein anderes verletzen
ohne dass es Mitleid dabei empfindet?

Der Bewohner dieses Hauses schloss das Tor vor langer Zeit
um Einlass zu bitten macht keinen Sinn –
denn den Schlüssel verlor ich in der Dunkelheit.

Stillgelegt

Aus der Bahn, auf den Bahnhof raus
geh ich unsicher die steilen Treppen rauf
Doch der Bahnsteig ist menschenleer
auf den Gleisen herrscht kein Verkehr

Niemand, der mich schreien hört
niemand, der mir Treue schwört
Ich kann meinen Platz auf dieser Welt nicht finden
ich fühle, wie mir die Kräfte schwinden

Die Lampen leuchten rot
jedes Glück, was ich besaß, scheint tot
Die Uhren sind bei Null stehengeblieben
ich bin wohl in den falschen Zug gestiegen

Nun warte ich solang in diesem Niemandsland
auf den liebenswerten Mann, der mich retten kann

Einsam

Verzweifelt sitze ich auf Knien
meinem schlimmsten Feind gegenüber
sehe zu wie die Sekunden in ihm vorüberziehen
meine katastrophalen Gedanken gehen drunter und drüber

Ich kneife meine Augen zusammen
um den Tränenschleier zu verdecken
Ich kneife meine Augen zusammen
um die Wahrheit vor mir selbst zu verstecken

Ich werde um meinen Verstand
und meinem Schlaf beraubt
heute Nacht fehlt mir deine Hand
die mir den sonst präsenten Zufluchtsort erlaubt

Doch mein Bett bleibt heute leer
unter der Decke kalt
das Atmen fällt mir schwer
wenn du nicht bei mir bist als mein Halt

Einsamer Engel

Heiß und
nass
fallen sie auf ihre Haut
sie sieht hinab
auf ein Tränenmeer
das sich staut.
Jede freie Körperstelle
wird bedeckt
unsichtbar befleckt.
Wasser
befleckt Salz,
ihren Puls
ihren brennenden Hals.
Wein', wein', wein'
Engel – mein
bleibt solang mutterseelenallein
wie es ihnen egal zu sein scheint.

Nach oben!

Eine Leiter
die ich sehe
ich gehe weiter
bis ich vor ihr stehe.
Ich schaue rauf -
mir bleibt die Luft weg und ich bleib stehen,
mein Kopf schreit:
„Kehr um und lauf!"
doch mein Herz sagt:
„Du musst diesen Weg nun gehen."
Vom ersten Schritt an wusste ich,
ich werde leiden
und es wird mich quälen.
Doch es lässt sich nicht vermeiden,
vom ersten Schritt an, konnte ich nicht mehr wählen.
Also steig ich rauf,
klettre bis ich oben bin,
denn ich will hoch hinaus,
nur noch danach steht mir der Sinn.

Schau hin!

Ahnungslos kehr ich nach der Schule heim
und schalte prompt den Fernseher an, um Nachrichten zu sehen
Plötzlich seh und hör ich Menschen wein',
die unter Schluchzen etwas sagen, doch ich kann die Worte nicht
verstehen.

Ein Kind - entführt?
Misshandelt und getötet!
Was in aller Welt passiert?
Nein! - Es war nicht wohl behütet!

Keine Menschenseele, so scheint es, nimmt Notiz,
von dem, was unseren Kindern widerfährt
Niemand sieht das erloschene Licht in ihrem Antlitz,
die notwendige Hilfe bleibt zu vielen noch verwehrt

Auch Deutschlands Kinder widerfährt noch Ungerechtigkeit
deshalb müssen wir schleunigst etwas tun
Wie lange wollen wir noch zusehen, wie das Kind nebenan um Hilfe
schreit?!
erst wenn es wieder von Herzen lacht, können wir wieder ruhen!

Gefangen!

Wie kann ich mich befreien
ohne zu fliehen?
Wie kann ich frei sein
ohne mich rausreden zu müssen?
Wie kann ich meinen Traum verwirklichen
ohne anderes umgehen zu müssen?
Soll ich ehrlich sein...?
Ich habe Angst...!
Angst zu versagen...!
Die Angst schnürt mir die Kehle zu
sie raubt mir den Atem
und benebelt meine Sinne...!
Sie beherrscht
meinen Körper und Geist...!
Sie lässt mich nichts erkennen.
Der Schleier versperrt meinen Weg
und alle Lösungen meiner Probleme...
ich kann nichts mehr erkennen...
ich bin -
gefangen!

Gefühllos

Wir geben uns ein Versprechen
ein Versprechen ohne Gefühle
Und ein Versprechen darf man nicht brechen
obwohl mir solch ein Versprechen nicht gefiele

Ein Pakt verbindet nun unsere Seelen
doch gibt es eben jenes Gefühl, dass wir beide kennen
Liebe oder Sicherheit - wir durften wählen
Letztlich ist Sehnsucht nach Liebe, was wir unser Eigen nennen

Einen zärtlich Kuss darfst du nicht erwarten
mein Herz ist niemals „dein"
Deine Gedanken kann ich nur erraten
Auf ein „Liebst du mich?" folgt gewiss ein ‚Nein'

Doch das nimmt mir nicht meinen Willen
was ist Empathie? - ich bin eine Art Autist
ich weine diese Tränen nachts im Stillen
weil ich ja auch nicht weiß, was Liebe ist.

Die Welt

„Was ist die Welt - und ihr berühmtes Glänzen?
Was ist die Welt und ihre ganze Pracht?"
Eine Vielfalt an Sein verwebt in unsichtbaren Banden
Ein helles Leuchten am neugeborenen Morgen erwacht

Ein junger Wald - da bunte Blumen gedeihen
Ein schöner Garten - so voller Leben blüht
Ein Stück vom Himmel - da alle Menschen einmal fliegen sich
befreien
Eine oft ungeöffnete Tür - so vieles Gutes birgt

Das ist der Grund - darauf ein jeder will hin fließen
Und was das Herz für einen Ort der Liebe hält
Komm Seele - komm - und lerne weiter genießen
Als sich erstreckt der Lohn dieser Welt

Streich ab von dir derselben langes Bangen
Fürchte dich nicht vor dem Sprung ins Nass
Brauchst nicht nach dem großen Glück verlangen
Das kleine und bescheidene Glück kann dir auch sein ein Erlass.

Zerrissen

Gefangen
zwischen Liebe und Wut
muss ich um meinen Seelenzustand bangen
doch zum Streiten fehlt mir Kraft und Mut

Ich bin es schon lange leid
jeden Tag dieselben Vorwürfe zu hören
sie enden immer nur im Streit
ich schau hilflos dabei zu, wie sie die zarten Bande zerstören

Du kannst nicht alle Last auf mich laden
die du in dir trägst
Du merkst nicht, wie sehr sie meiner Seele schaden
wie du mich verbal zu Boden schlägst

Ich bin nicht dein Sündenbock
der dein Leben zerstört
Nichts mehr da, was mich noch schockt
denn alles erdenklich Üble hab ich aus deinem Munde schon gehört

Blind

Ich kann meinen Weg nicht mehr erkennen
ein Nebelschleier versperrt mir die Sicht
wie Sand sehe ich meine Zukunft durch meine Finger rinnen
ich trage nur Fragezeichen vor meinem Gesicht

Ich weiß nicht wohin mit meiner Wut
auf die Menschen, die mich umgeben
in meinen Adern gefriert das Blut
es schreit nach dem Wunsch zu leben

Doch ich weiß nicht wo der Anfang liegt
wenn mir der Verlauf der Geschichte unbekannt erscheint
solange das Chaos mir um die Ohren fliegt
sehe ich meinen Traum am Boden liegen, sehe zu wie er weint

Als ob ohne dich nichts funktioniert
sehe ich mich schwach zu Boden gehen
von der Welt isoliert, ahnungslos, desorientiert
such ich hilflos einen Weg wieder aufzustehen

Kinder

Kinderstimmen dringen zum Fenster rein
Kreischen, Toben, Lachen
man hört Eltern ihre Namen schreien
während Erwachsene, wie ich, ihre Arbeit machen

Zusammen mit dem sanften Wind
ziehen die letzten Jahre in mein Zimmer
mit dem ich wünschte, ich wäre noch einmal ein Kind
die Sehnsucht macht den Wehmut schlimmer

Ich bin noch nicht bereit
für den Ernst des Lebens
ich bin dem Schrecken der Eintönigkeit nicht geweiht
ich kämpfe dagegen an, und nicht vergebens

Tief in meinem Herzen, meiner Kinderseele
bleibe ich immer zehn Jahre alt
weil ich nicht wie eine Erwachsene denke und fühle
solange das fröhliche Kinderlachen in mir hallt

Endlich 18!

Die Lizenz zum Fahren hast du bereits mit siebzehn erlangt
nun darfst du auch in „Beate Uhse" rein- nein, ... vordringen
bis spät in die Nacht deine Hüften in Diskotheken schwingen
während manches nicht so smarte Mädel schon längst im Taxi
schwankt

Mit „Mama hat gesagt, bis zehn" ist jetzt Schluss
es wird Zeit die Straßen unsicher zu machen
über die Noch-nicht-Volljährigen zu lachen
die noch weit entfernt sind von diesem herrlichen Genuss

Das Kamasutra, nicht nur für die Schule, büffeln
einem im Leben an einem Joint zu schnüffeln;
Für mindestens eines ist es spätestens mit achtzehn an der Zeit

Vorlaute Göre, Besserwisser, Faule Sau, Möchtegern
was immer man hört – man selbst sieht sich davon weit entfernt
Kindisch & freakig – was immer sie sagen, du bist der heißeste
Freak weit & breit

Nur das Beste

Zwei Jahrzehnte lang Freude und Vergnügen pur
wünscht sich jeder junge Mensch, der auf sein bisheriges Leben
blickt
wenn man bedenkt, wohin das den Menschen manchmal schickt
doch das allein war es sicherlich auch bei dir nicht nur

Leid und Kummer gehen mit einher als ständiger Begleiter
denn auch sie prägen deine Persönlichkeit in hohem Maß
stehen Freud und Leid in Balance, macht das Leben erst so richtig
Spaß
hast du das gekonnt im Griff, kommst du im Leben immer weiter

In diesem Sinne wünsche ich dir weiterhin viel Erfolg und Glück
und ich hoffe, ich entdecke nie eine Spur von Reue in deinem Blick;
Trotz meiner genannten Weisheit wünsch ich dir nur das Beste
dieser Welt!

Auch die nächsten Jahrzehnte sollst du mit Leichtigkeit durchleben
immer sorgenfrei und hoffnungsvoll durch das Leben schweben;
Dass sich dir und deinen Träumen nichts entgegenstellt!

Zukunft

Was fang ich mit meiner neu gewonnenen Freiheit an
wohin führt mich der vor mir liegende Weg
den ich so hart erkämpft und für mich zurechtgelegt
ganz langsam taste ich mich an meine Zukunft heran

Ich habe wohl einen ungefähren Plan und einen Traum obendrein
der mich durch die Wirklichkeit führt
der mich atmen lässt, wenn mir das Leben die Luft abschnürt
doch kommt es hart auf hart, weiß auch ich weder ein noch aus

Ich habe Angst vor dem Morgen
weiß nicht, was mich erwartet – Freude oder Sorgen?;
Und kann doch kaum erwarten, dass er beginnt

Solange ich bekomme was ich will
steht die Welt für mich still;
Bis ich spüre, wie die Zeit mir durch die Finger rinnt.

Trauerspiel

In wenigen Sekunden das Kostbarste zerstört
ohne Zögern unser Herz zerrissen
ohne Hintergedanken, ohne schlechtes Gewissen
doch wenn du schreist, ist niemand mehr da, der deine Tränen hört

Für einen Mann wie ihn
setzt du uns aufs Spiel
der dir nichts schenkt, nicht besonders viel
jemand, der dich wird zu Boden ziehen

Für den Vorhang ist es lang zu spät
da jeder schon hinauf zur Bühne sieht;
Applaus!, lasst die Show beginnen...!

Dein Traum vom Schauspiel wird nun Wirklichkeit
doch eines, in dem dein wahres Ich sich zeigt;
Das Ende ist bereits geschrieben: die Protagonistin wird für dieses
Trauerspiel nichts gewinnen

Wohin?

Was ist Zukunft,
was ist morgen?
Was nur steht am Himmelszelt geschrieben,
wie viel Freude, wie viel Sorgen?

Durch die Finger rinnt die Zeit,
wenn man sie zu fassen sucht
Sobald man sich ihr näher glaubt
nichts als Unbekanntes in ihr ruht

In mir wirbeln immer dieselben Fragen,
die in diesem Mysterium ihr Universum tragen;
ich frag mich, wer ich bin

Durch einen unsichtbaren Faden gehören wir zusammen
doch auf meine Fragen, ziehen Antworten von dannen;
wo komm ich her? – wo gehe ich hin?

Fremd

Ich bin schon halbwegs fort
ich bin auf dem Weg
weg von dir
und deinen Lügen
leeren Versprechen und leeren Worten
auf halber Strecke an einen Ort
den du nie erreichst
vergeblich suchen wirst
bei dem du auf halbem Wege liegen bleibst
und ich werde nicht umdrehen
nicht umschauen
nicht bereuen
keine Träne will ich lassen
bei dem Versuch
dich erbarmungslos am Boden zu sehen
und ohne dich zu hassen
werde ich schweren Herzens einfach weitergehen.

Die Zeit hat uns zu Fremden gemacht.

Der Wind- Atem Gottes

Leise prasselt der Regen
durch die Nacht-
hält die Zeit an,
hält mich wach.
Er peitscht in mein Gesicht
und streichelt mich wie sanftes Licht.
Der Wind braust mir ins Ohr und umschmeichelt mich
ich wünschte, der Moment hielte ewiglich.
Ich höre, wie er flüstert:
„Glaub an dich!
Du kannst es schaffen, verzage nicht!"
Für einen Moment kann ich ihn spüren
und ihn all das flüstern hören.
Ich vertraue diesem Wind
auch wenn wir manchmal traurig sind.
Ich genieße jeden Augenblick,
jeden Tropfen, jeden Wind,
ich denke immer gern daran zurück,
zu spüren, wie die Zeit verrinnt.
Ich bin niemals ganz allein,
denn dieser „Wind" wird immer bei mir sein.

Die Kraft und der Geist Gottes begegnet uns Menschen auf der Erde
in der Form des Windes.

"Besitztümer"

Ich verstaue meine wertvollen Besitztümer
in meinen Koffer
ein letztes Mal
blickte ich mich in diesem Raum um
Alles was ich wollte, war jemand,
der meine Besitztümer als sinnvoll erscheinen lässt...
Und als real ebenso.
Doch ich bin die Einzige,
die etwas damit anfangen kann.
Aber was sind sie schon wert,
wenn sie niemand mit mir zu teilen vermag.
Mein Koffer ist gepackt
ich bin endgültig bereit

In den Zug zu steigen,
loszufahren,
ohne mich umzublicken.

Mein Koffer bleibt zurück.

Ein Junge bemerkt ihn -
als Einziger.

Nimmt ihn schließlich an sich
und verlässt den Bahnhof.
Um nach dem Besitzer zu suchen.

Ich fühle nur vage,
ich habe etwas vergessen.

Und gleichzeitig kann ich mich "erinnern",
was mehr Gewissheit als Erinnerung ist.
Weil meine wertvollen Besitztümer mit jemandem verbunden sind.
Weil sich jemand ihrer angenommen hat.

Königskinder

Weit draußen sucht jemand nach ihr
ein junger Mann - mit Liebe zum Ziel
ruft er, 'Finde mich, finde mich!', sie ist's, was er will
doch sie schenkt seinem Rufen kein Gehör

Taube Ohren sind die Zeichen der Zeit
Laute der Liebe vernimmt sie nicht mehr
sie glaubt, die Jungen sind noch nicht soweit
und deren Gefühle noch weniger

So folgt, dass der junge Mann vergeblich ruft
und er vorerst alleine bleibt
Völlig in Gedanken vertieft
überhört er, was sie zu ihrer Entscheidung treibt

Sie will nicht seine Liebe
sie will vorerst nur sein Wort
denn was von ihr am Ende der Liebe bliebe
wäre nicht mehr sehr viel wert

Immer weiter irrt der Mann umher
auf der Suche nach seinem Ziel
Seine Liebe klopft an jede Tür
doch Erfolg hat er nicht viel

Sie glaubt ganz fest daran
die Liebe wird auch von ihr ein Teil sein
sie weiß nicht wie, nicht wo, nicht wann
doch bis zu diesem Tag bleibt sie allein

Ob sie nun letztlich zusammen sind
das weiß keine Menschenseele
das weiß nur der Wind
und ob sie bleiben - die Gefühle

Freier Wille

Ich lebe mein Leben.

Ich hab's gewagt mit sieben Sinnen
Ich bin ein treuer Untertan
Ich darf wohl von den Sternen singen
Ich glaube an den großen Plan

Ich denke, also bin ich
Ich du er sie es

Ich danke Gott und freue mich.

Engel & Wunder

Sag, glaubst, du, dass noch Wunder geschehen
glaubst du, dass sie existieren?
Glaubst du, dass sie uns zur Seite stehen
und den Glauben an uns nie verlieren?

Verloren glaubte ich mich, selbst als ich dich schon kannte,
niemand da, der mich aufgefangen hätte.
Ich sah die Träne noch, die meine Wange hinunter rannte,
sprach noch immer ein Gebt, dass mich bitte jemand rette.

Und plötzlich schließt du mich liebevoll in deinen Arm,
schützt mich vor den finsteren Blicken dieser Welt.
Streichelst mir sanft über mein Haar, ums Herz wird mir ganz warm -
wenn ich schon vor dem Abgrund stehe, bist du es, der mich hält.

Und noch einmal frag ich dich, ob es Wunder gibt,
ein Wunder, das unsichtbare Flügel hat.
Du bist das Wesen, das ein Mädchen bedingungslos liebt -
du bist der Engel, den ich gesucht und in dir gefunden hab.

Aus alt mach neu

Knarrzend öffnet sich die Tür
die Scharniere schon lang veraltet
niemand der dieses leere Haus verwaltet
nur widerwillig betritt sie den Flur

Alles scheint verloren
nur noch alte Möbel sind zu sehn
mitsamt den schwarzen Vorhängen, die das Haus vor den Augen der
Welt verhüll'n
so einsam wie es ist, beginnt sie, es zu hassen

Alles ist verhüllt und verstaubt
jedes Zimmer bis auf eins
denn dieses Zimmer, das Herz des Hauses, ist gehalten ganz in
weiß
dieses wurde seiner Hoffnung bislang nicht beraubt

Ein Zimmer, völlig unentdeckt
besetzt mit unberührten Träumen und voller Leben
aus den Ecken, aus den Wänden, aus dem Boden dringt ein Beben
reich an Energie, denn es ist noch unbefleckt

Plötzlich pocht es an der Tür und fliegt mit lautem Krachen auf
ein Mann steht dort, mit reichlich Farbe im Gepäck
und mit der Farbe auch ein Windstoß im Genick
fegt mit einem Zug Staub und Schmerz hinaus

Strahlend steht sie da, in einem bunt bemalten Raum
mit dem jungen Mann an der Hand, der sagt: „Vorbei ist es mit jedem
bösen Traum!"

Der Junge vom Fenster

Über ihrem Fenster
schaut ein Bursch ins Zimmer rein
reglos darin lebende Gespenster
sieht er sie in ihrem Bette wein'

Er will sie durch die Nacht
in seinen Armen halten, will sie stützen
in der Hoffnung, dass sie wieder lacht
will er sie vor dieser Welt beschützen

Durch ein Tränenmeer
glaubt sie, ihn zu sehen
in ihrer Hilflosigkeit fällt es ihr nicht schwer
ihn zu bitten, nicht zu gehen

Zwei Jahre müssen durch die Lande ziehen
in denen sie die Mädchenträume der Vergangenheit zuschreibt
durch drei weitere schwere gehen
bis er als Mann wahrhaftig vor ihr steht und frech mit seinem
Finger auf sie zeigt.

Vorbei

Ich starre wie gebannt auf den Regen,
ich sehe die Zeit verstreichen,
ich wage es nicht, mich zu bewegen,
aus Angst, meinem Blick könnte etwas weichen.

Ich versuche an meinen Gefühlen festzuhalten
doch sie entrinnen den Fäden meiner Gedanken;
Ich versuche innerlich wie äußerlich abzuschalten.
doch die Sorgen wachsen Stück für Stück wie Ranken.

Mein Glück zerspringt in Tausend Scherben,
meine Träume drohen zu zerplatzen;
Was soll aus meinen Wünsche werden?,
sind ihnen doch gestern erst noch Flügel gewachsen.

Doch nun spüre ich Veränderungen und dunkle Schatten
meine Träume erzählen mir von Unglück und Schmerz,
sie lassen mich dennoch im Dunkeln und Ungewissen tappen
und dringen wiederum vor zu meinem Herz.

The day of revolution

Die Zeit ist reif, dass ich mich endlich wehr
gegen all den Schmerz der letzten Zeit.
Ich schwöre, dass wird euch eine Lehre,
all eure Märchen tun euch bald schon Leid!

Jedem Einzelnen werde ich das Herz zerreißen,
der es wagt, mich zu verletzen und zu belügen.
Alles Üble werde ich nach euch schmeißen,
die Herzensbrecher dieser Welt ebenso betrügen!

Game over - kein Mitleid für euch, das in mir übrig bleibt
was denn, erwartet ihr, dass ich jetzt noch Tränen aus roten Augen
reib?;
Sich mir zu nähern, würde ich nicht einmal versuchen!

Kommt bloß nie wieder auf Knien bei mir angekrochen,
vergesst nie die Worte, die ich dann gesprochen:
Heute ist der Tag - The day of revolution!

Zurück ans Meer

So sehr hat es mir gefehlt
das Land, die Leite und die See
Tagelang hat es mich gequält
es nicht zusehen tat mir furchtbar weh

Dass ich nun zurück nach hause kehr
und ich darüber wein, ist der Beweis
dass ich nicht hierher gehör
worum auch jeder andere weiß

Es durchfuhr mich wie ein Blitz
als ich erfuhr, wohin die Reise geht;
Und ich wollte meinen Koffer jetzt schon packen

Kaum erwarten kann ich's
bis ich endlich das tiefe Blau von Weitem sehe';
Bis dahin werden Träume meine Sehnsucht stillen

Danke, Mama,
dass deine freudige Nachricht mich zu diesem Gedicht inspiriert hat!
Danke an dieses wunderschöne Land,
an den blauen Riesen
und an Christoph M.,
der meine Erinnerungen an dieses Land und diesen Urlaub versüßt
hat.

WIND

Wind, Wind -
sag's mir geschwind!
welche weisen Worte bringst du mir?
welch Geheimnis birgst du in dir?

Aus weiter Ferne
dringt dein Rauschen
wo nirgends heller leuchten die Sterne
wo Mensch und Tier den Meereswellen lauschen

Sag, welche Sprache sprichst du nur?
Ach, könnt ich dich doch verstehen
Dein Flüstern klingt wie ein Liebesschwur
der in jedem Blatt und jeder Krone bleibst bestehen

Eine Hommage an meinen ewigen Freund -
den Wind.
Wenn ich ihn fühle und in den Bäumen höre, weckt er in mir
immer ein Gefühl von Melancholie und erinnert mich an meine
Einsamkeit,
denn dann spüre ich die Geister der Vergangenheit.
Und im nächsten Moment befreit er mich von diesen Gefühlen,
sobald er seine Reise fortsetzt.

Herbst

Langsam klopft der Regen an meine Fenster
macht sich leise auch in meinem Herzen breit
Die Zeit vergeht - was bleibt, sind nur Gespenster
und mir wird klar, es ist mal wieder soweit

Wenn sich die Blätter färben und von grauen Bäumen fallen
wenn der Nebel dir die Sicht versperrt
Wenn nur noch die Echos eines Sommers im Wind verhallen
ist der Herbst im Lande eingekehrt

Dunkle Wolken und Melancholie hängen über der großen Stadt
nasser Asphalt und trocknes Laub ist alles, was sie zu bieten hat;
Ja, so lob ich mir die schwere, bunte Jahreszeit!

Doch goldig ist der Herbst dann auch, mit seiner stolzen
Farbenpracht
schon manches Künstler- und Dichteraug' auf sich aufmerksam
gemacht;
Und ein jeder manchmal auch nach etwas Wehmut schreit.

Lass mich ziehen

Ich weiß, was Liebe heißt
und es ist nicht leicht für mich, dies zu sagen
Liebe hat immer ihren Preis
und ich bin nicht sicher, ob ich bereit bin, ihn zu zahlen

So viele Tage und Nächte hab ich allein verbracht
die Einsamkeit bin ich schon gewohnt
Bisher hab ich alles gut allein geschafft
ich weiß nicht, ob sich eine Beziehung für mich lohnt

Ich hab noch so viel vor, das kann ich nicht zu zweit
auch nicht an den Tagen der Einsamkeit;
Ich will ja nicht vor der Verpflichtung fliehen

Ich hab nur gemerkt, ich bin gern allein
Und das wird auch in nächster Zukunft so sein;
also bitte, bitte, lass mich ziehen!

Abrechnung

Der Tag der Abrechnung ist nun endlich da
um euch zu beweisen, was in mir steckt
euer schlimmster Albtraum wird mit mir wahr
viel zu lange habt ihr mich unterschätzt

Märchen, Tratsch und selbst Intrigen
ich hör euch hinter meinem Rücken flüstern
Aids, Schlampe – nicht genug der Lügen
noch von den Wänden schallt euer Wispern

Doch ganz egal, was ihr über mich erzählt
hundert mal schlimmer werden euch meine Worte schlagen
um euch zu zeigen, was in eurem jämmerlichen Leben fehlt
so schnell wird niemand mehr Lügen zu verbreiten wagen

Mit Kreaturen wie euch könnte man *fast* Mitleid haben
doch hierfür fehlt mir nun mal das nötige Mitgefühl
es hat schon Stärkere als euch gegeben, die später auf dem Boden
lagen
und euch niederzustrecken, wird das reinste Kinderspiel!

Jetzt oder nie

Hier kommt eure letzte Chance
alles ungeschehen zu machen
aus diesem Albtraum zu erwachen
der letzte Ausweg aus der Trance

Bleibt nur für einen Moment stehen
nur für diesen Augenblick sollt ihr sehen
dass wir durch ein Scherbenmeer gehen
und unsere Herzen sich im Kreise drehen

Kennt ihr denn den Anfang noch
oder wurde er, wie euer Verstand, verschluckt vom schwarzen
Loch?;
Wisst ihr noch, warum die Luft um uns einst Feuer fing?!

Nur wenn ihr euch wieder zusammenreißt
bin ich die Erste, die uns wieder zusammenschweißt;
Doch wenn nicht, kehr ich euch den Rücken, mach endgültig mein
eigenes Ding.

Frühling

Ich träume von bunten Feldern
übersät mit viel Mohn und noch mehr Grün
Sehe mich spazieren in belichteten Wäldern
egal wo – alles um mich herum beginnt zu blühen

Ein blauer Himmel erstreckt sich über mir
der Frühling wärmt und erhellt mein Gesicht
Über mir fliegt ein mir unbekanntes Tier
Richtung Süden, zum Horizont, ins Sonnenlicht

In meinem Herzen ist der Frühling eingekehrt
mein Lächeln soll es der ganzen Welt sagen
Bis sich auch der Letzte gegen diese Wärme nicht mehr wehrt
und sich einstige Geliebte erinnern, wie sie sich in jenen Tagen in
den Armen lagen

Ich kann's kaum erwarten diese Tage wieder einzufangen
in denen man das Leben leichter nimmt
Sanft umstreichelt der Wind dann meine Wangen
wenn die Liebe mein Herz wieder gefangen nimmt.

Sommerträume

Sehnsüchtig richtet sich mein Blick zum Fenster
voller Neid seh' ich Vögel unterm blauen Himmel fliegen
Was vom letzten Sommer blieb, sind die Gespenster
die immer noch auf grünen Wiesen liegen

Mein Herz singt längst nur Sommerlieder
meine Haut riecht schon den warmen Sonnenschein
meine Nase lockt der Geruch von schönem Flieder
meine Augen sagen: ‚Es muss doch endlich Sommer sein'

Mit dem Winter leben kann ich schon nicht mehr
jedes Jahr um diese Zeit dasselbe Spiel
ich wünsche mir die Schönheit der Sommermonate her
Sonne, Strand und Meer sind dann noch mein Reiseziel

Doch weil auch der Frühling noch lang nicht wiederkehrt
träum ich mich in der Zwischenzeit von dannen
an einen Ort, an dem mich der Winter niemals stört
solange bis Frühling und Sommer wiederkommen.

Vom Winde verweht

Ich bin schon halbwegs fort
ich bin auf dem Weg
weg von dir
und deinen Lügen
leeren Versprechen und leeren Worten
auf halber Strecke an einem Ort
den du nie erreichst
vergeblich suchen wirst
bei dem du auf halbem Wege liegen bleibst
und ich werde nicht umdrehen
nicht umschauen!
nicht bereuen!
keine Träne will ich lassen,
bei dem Versuch
dich teilnahmslos am Boden zu sehen.

Lebwohl

Ich wünsche dir nur das Beste
auch wenn ich zurückbleibe
dass du gesund
und glücklich bleibst
niemals deine Entscheidungen bereust
und der Welt stets dein Lachen zeigst
Dass dein Blick
nur nach vorn gerichtet ist
immer einen Schritt voraus
dass du bleibst, wie du bist
und gleichzeitig immer das Beste aus dir machst.

<u>Glück</u>

Ich atme es ein
ich atme es aus.
Wie eine Welle
überflutet es meinen Körper,
füllt mich vollkommen aus,
spült alles Schlechte aus mir raus.
Es haucht mir Leben ein,
lässt mich schneller atmen.
Mein Herz, mein –
lässt es auf einen Schlag warten.
Ich fang es ein
mit jedem Blick.
Lass nichts anderes in mich rein
außer dieses pure, atemberaubende Glück.

Alles ist erleuchtet

Loslassen
dabei weiterziehen
Vergangenes verpassen
vor einer schwarzen Zukunft fliehen

Mit Rückenwind
und Sonne im Gepäck
verlass ich mein Schattenkind
verlass ich mein Versteck

Nichts zu befürchten
nichts zu bereuen
Mit Mut die Dunkelheit beleuchten
mich einfach über das Leben freuen

Alles ist erleuchtet
erstrahlt in neuem Glanz
Die Macht, die mich am Leben hält
heilt auch mein Herz, macht es wieder ganz

Schlaflied

Tropfen zu Boden
Tränen zu Papier
von Schönheit angezogen
eine Melodie auf dem Klavier

Eine Melodie
die mein Herz erreicht
Musik – so schön wie nie
die selbst Gestein erweicht

So wie dieses Stück
klingt deine Seele in mir
erzählt vom kleinen, großen Glück
erzählt die Geschichte von mir & dir

Raum – und zeitlos – Geschichten, Melodien
überall und jederzeit
wispernd durch die Lande ziehen
gegen jede schwarze Nacht geweiht

Was diese Zeilen mit unserer Liebe zu tun haben?
Erinnerst du dich an diesen Tag, an dem ich ,Bellas lullaby' (das
Klavierstück) so oft hintereinander gehört hab?
Während ich dies gehört und dich angesehen hab, sind mir diese
Worte eingefallen. Und immer, wenn ich dieses Lied höre, fallen mir
besonders schöne Gedichte, die sich um dich drehen, ein...

Das Erwachen

Mit einem Lächeln außer Gefecht
neue Energien frei gesetzt
immer weiter spinnt das Geflecht
das in meinem Herz vernetzt

Ich glaube dich zu kennen
doch ich kann dich nicht durchschauen
der Einzige, dem ich gestatte mich beim vollen Namen zu nennen
wobei ich in der Lage bin, ihm zu vertrauen

Du durchbrichst die, von mir erbaute, Mauer
um zu meinem Herzen durchzudringen
wie ein Sommerregenschauer
regnest du auf mein Leben, lässt alles schöner, heller klingen

Ich vertraue dir mein Leben an
denn du machst es lebenswert
du weckst den Glauben, dass ich alles tragen kann
mit dir als schützendes Schild und rettendes Schwert

Pures Glück

Schwerelos
von Gedanken befreit
die Hände im Schoß
der Körper ganz leicht

Himmelblau getränkt
von Liebe berauscht
ein Engelsgeschenk
dem flüsternden Winde lauscht

Ein weiterer Ort
den man Zuhause nennt
von allen Sorgen fort
an dem man mein Übel nicht kennt

Nie mehr von hier weg
kein Weg führt zurück
an den Ort, an dem ich eigentlich leb
denn hier liegt mein pures Glück

Zuhause

Was ist Zuhause?
Wohin du gehst,
wo du stehst,
wo du lebst,
kann nicht zuhause sein;
auch wenn es auf den ersten Blick so scheint.
Zuhause ist
wo das Glück in dir wohnt
der Ort, an dem die Liebe thront;
an dem die Menschen residieren,
die dein Herz beherrschen und dich führen.
Auch ein Mensch kann dein Obdach sein
lässt er dich in sein Herz hinein;
und füllst du ein Anwesen mit noch so vielen Dingen,
kann es nie den Wert eines geliebten Menschen erbringen.
Denn wenn das Dach in sich zusammenfällt
und die Kälte eines Winters dich umhüllt
ist ein Mensch ein Zuhause, der dich in seinen Armen hält
und dein durchgefrorenes Herz mit liebevoller Wärme füllt.